Edition Paashaas Verlag

Titel: **13 Frauen**
Autorin: Heike Wulf
Originalausgabe Februar 2024
Covermotive: Pixabay.com
Covergestaltung: Michael Frädrich
Lektorat: Renate Habets, Manuela Klumpjan
Printed: BoD GmbH, Norderstedt

www.verlag-epv.de
ISBN: 978-3-96174-137-3

Die Deutsche Nationalbibliothek verzeichnet diese Publikation in der Deutschen Nationalbibliografie; detaillierte bibliografische Daten sind im Internet über http://dnb.d-nb.de abrufbar.

13 Frauen

Ein Weckruf gegen zunehmende Gewalt

FSC
www.fsc.org

Heike Wulf

lebt als Schriftstellerin und Lese- und Literaturpädagogin in Dortmund und arbeitet als kaufmännische Fachkraft in einem Architekturbüro.

Von 2010 bis 2020 führte sie als Freiberuflerin Workshops mit Kindern in Kitas, Schulen, OGS, Bibliotheken und VHS – auch zum Thema Kinderrechte durch und hat sich darauf spezialisiert, Kindern Literatur mit Spaß und Freude pädagogisch näher zu bringen und dadurch spielerisch die Sprachentwicklung zu fördern.

Seit 2019 ist sie Multiplikatorin der Stiftung Lesen.

Fortbildungen in MINT und Leseförderung, Kompetenzberaterin Kultur, Künstlerausbildung Kultur und Schule, Psychomotorik, Vielfalt reflektieren, Heilsame Beziehung – zum Umgang mit traumatisierten Kindern, Methodenschulung für Kinderteamer, Pension Grimm – Märchenerzählung.

20 Jahre war sie ehrenamtliche Vorlesepatin in der Stadt- und Landesbibliothek und bildet seit 2006 Vorlesepat*en und Autor*en in ihren Vortragsworkshop aus.

Zusätzliche Ausbildungen zur Dialogprozess-Begleiterin und Beraterin für Burnout-Prophylaxe und Resilienz.

In ihrer Freizeit setzt sie sich schon seit Jahren für die Rechte von Frauen und Kindern ein.

Sie kann bereits zahlreiche Veröffentlichungen vorweisen.

Mehr auf www.wort-kunst-raum.de

Vorwort

Geschichten dienen dazu, die Zuhörer:innen in andere Welten zu versetzen. Ich habe es mir zur Aufgabe gemacht, sozialkritisch und feministisch zu schreiben und die Menschen mit meinen Geschichten möglichst zu berühren. Ich möchte denjenigen eine Stimme geben, die keine haben.

Jede Geschichte der 13 Frauen, die ich in diesem Buch erzähle, hat einen erschreckend wahren Kern. Diese Geschichten entstanden für den Internationalen Frauentag, für Benefiz-Lesungen oder für den Internationalen Tag gegen Gewalt an Frauen.

Vor jeder Geschichte findet ihr eine kurze Information, wie und warum diese Geschichte entstanden ist und was mich inspiriert hat. Es waren Frauen, die mir begegnet sind, über die ich aus der Presse erfahren habe, oder der Text entstand, weil wir für eine Veranstaltung ein bestimmtes Thema hatten.

Wichtig ist mir vor allem, dass die Frauen, die Gewalt erleben, wissen, dass sie nicht allein sind. Dass sie oder die Menschen aus ihrem Umfeld die Warnzeichen erkennen, sich

aus der Gefahrenzone begeben und sich Hilfe holen.
Begleitend zu diesem Buch gibt es zudem den Podcast: **„13 Frauen"**

In diesem Podcast spreche ich mit Frauen, die sich für andere Frauen und Kinder einsetzen, die Opfer geworden sind. Ich stelle ihre Arbeit und ihren Alltag vor.

„13 Frauen" heißen sowohl das Buch als auch der Podcast, weil 2021 in jeder Stunde des Jahres 13 Frauen Opfer durch ihren Mann geworden sind.

****Pressemitteilung vom 24.11.2022: Bundesfrauenministerin Lisa Paus**:*
"Jede Stunde erleiden durchschnittlich 13 Frauen Gewalt in der Partnerschaft.
Beinahe jeden Tag versucht ein Partner oder Expartner eine Frau zu töten. Fast jeden dritten Tag stirbt eine Frau durch ihren derzeitigen oder vorherigen Partner."

Aber Achtung: Bei diesem Buch besteht Trigger-Gefahr.
Im Notfall rufen Sie die Telefonseelsorge 0800/111 0 111 an oder das Hilfetelefon "Gewalt gegen Frauen" 08000 – 166 016.
Beide Anbieter sind anonym und kostenfrei.

Gedanken zum Buch

Susanne Meyer

Susanne Meyer, Feministin, Autorin und vor allem Frau, hat ihre ganz eigenen Gedanken zu diesem Buch:

Je mehr eine Gesellschaft politisch nach rechts rückt, desto größer wird auch die Akzeptanz von Gewalt gegen Frauen. In Deutschland, in der die Umfragewerte für die rechtsextreme AfD immer weiter in die Höhe schnellen, belegen dies die aktuellen Zahlen aus dem Bundesinnenministerium. Laut Statistik sind es nun nicht mehr 13, sondern schon 14 Frauen, die stündlich gewalttätigen Angriffen in der Partnerschaft ausgesetzt sind. Doch wie hoch die Zahlen wirklich sind, bleibt weiterhin im Dunkeln. Viele Opfer reden aus falscher Scham nicht über das, was ihnen von Männern angetan wird und wurde. Eigentlich müssten wir alle unsere Stimme erheben, gegen dieses tausendfache Leid, diese unfassbare körperliche, seelische und manchmal auch mörderische Gewalt, die

Männer Frauen antun, weil sie Frauen sind. Täglich, stündlich, minütlich.
Wir sollten wütend sein – Männer inbegriffen. Aber das Gegenteil ist der Fall. Die Gesellschaft schaut weg – bis auf wenige Ausnahmen.

Zeitlich begrenzten Schutz vor Gewalt bieten allein eine viel zu niedrige Anzahl von Frauenhäusern, die kaum noch Platz haben für die vielen Opfer. Und daneben eine Reihe von Fraueninitiativen.
Das ist nicht genug. Das Thema schreit schon unendlich lange nach einer noch größeren Öffentlichkeit, die sich mit allen Mitteln gegen Gewalt an Frauen wendet.

Dieses Buch ist auf dem Weg in diese Richtung. Schreiben wie es ist und nicht sein darf – das macht Heike Wulf.
Die Autorin lässt die vielen Gesichter von männlicher Gewalt gegen Frauen zum Leben erwachen. Sie lässt uns an der Angst, dem Schmerz, dem Ausgeliefertsein, aber auch an dem Widerstand von 13 Frauen und

Mädchen teilhaben, die in ihrem Umfeld zu geschlechterbezogenen Opfern von körperlichen und seelischen Misshandlungen und Femiziden wurden.
Diese 13 Episoden machen nicht nur betroffen, sie gehen auch unter die Haut. Sie tun weh. Es ist nicht leicht, sie zu lesen. Die Autorin lässt das durch ihre klaren, kurzen Sätze und ungeschönten Worte nicht zu.

Immer wieder musste ich zwischendurch das Manuskript an die Seite legen und tief Luft holen. Als Frau finde ich mich auf fast jeder Buchseite wieder. Vor allem bei der alltäglichen Begegnung mit männlicher Dominanz, Sexismus und mehr oder weniger unterschwelliger Frauenfeindlichkeit. In diesem Buch bleibt es allerdings nicht bei frauenverachtenden Männersprüchen. Heike Wulf schreibt in ihrer ganz eigenen Sprache und auch aus eigener Erfahrung, wie aus Worten körperliche Gewalt wird. Und das Erschreckende daran: Es sind zum großen Teil reale Geschichten oder sie haben einen wahren Kern. Daher ist das Buch „13 Frauen“ nicht nur ein wichtiger Beitrag gegen die allgegenwärtige und steigende Gewalt an Frauen – es holt diese Gewalt auch aus ihrer Anonymität. Und dass weiblicher Widerstand letztendlich auch erfolgreich sein kann, dafür sorgt dann auch noch Heike Wulfs kriminalistische Autorinnenader.

13 Frauen – ein Buch mit vielen erschütternden, aber auch Mut machenden Nuancen – und lesenswert nicht nur für Frauen, sondern auch für Männer.

1. Leonie

Diese Geschichte habe ich zum Internationalen Tag gegen Gewalt an Frauen geschrieben. Unser Anliegen war: Was hat sich in der Gesellschaft verändert nach zwei Jahren "Nein heißt Nein" und durch die "Me too-Debatte?"

Inspiriert hat mich eine Clique Jugendlicher. Nur eine junge Frau war dabei. Ich dachte sofort: Oh, ob das gut geht? Und fand es gleich erschreckend, dass ich so etwas überhaupt gedacht hatte.
Leonie gibt es nicht wirklich, aber sie steht stellvertretend für 118.196 Frauen, die alleine in Deutschland im Jahre 2022 Opfer von Vergewaltigungen geworden sind. Im Jahre 2011 hatten wir noch 47.078. Das heißt, die Gewalt gegen Frauen nimmt noch weiter zu.
(Quelle: Statistika)

Nein ist Nein

Leonie hatte das Gefühl, alle starrten sie an. Alle. Doch wenn sie ihren Verstand zur Hilfe rief, verriet er ihr die Realität. Alle um sie herum waren glücklich, lachten, spielten, neckten sich, lagen auf ihren Decken, unschuldig, frei. Sie genossen die Sonne, die kühle Erholung im Wasser, das Spiel mit dem Ball, Musik aus den Kopfhörern. Dachten alle nicht nach, waren einfach nur da. Niemand achtete auf Leonie. Leonie war da und doch nicht da. Es sollte ein Versuch werden, ein erster Versuch. Noch war er nicht gescheitert. Noch blieb sie liegen. Einfach nur liegen. Genau wie an dem Tag damals. Liegengelassen.

Sie spürte plötzlich eine schmerzende Sehnsucht. Diese Sehnsucht, wieder zu sein wie vorher. Die Sehnsucht, wieder jung zu sein, rein, mit einem Urvertrauen in die Welt und einer Vorfreude auf ihre Zukunft.

Sie wollte Zahnärztin werden. Eine ganz besondere, eine, die ihren Patienten zuhört, sich Zeit nimmt. Sie wollte sich auf die Kinderkieferchirugie spezialisieren.

Das Studium hatte sie gar nicht angefangen. Den Platz abgegeben. Sie wusste, dass sie nie wieder eine Zahnlücke würde sehen können, ohne an einen von denen erinnert zu werden.
Das Schlimmste waren die Anfälle von Atemnot. Ihre Therapeutin meinte, das sei normal. Sie solle immer eine Tüte mit dabeihaben und hinein pusten, wenn es losgehe. Das werde sich legen. Legen. Legen.
„Leg dich hin", hatte der mit der Zahnlücke geschrien.
Es sollte der Sommer ihres Lebens werden. Abitur bestanden, Führerschein in der Tasche, und Papa hatte ihr ein kleines Auto gekauft, damit sie in die Uni nach Herdecke kam.
„Na, Baby, bist du alleine hier?"
Leonie zuckte zusammen. Es sollte sie doch niemand ansehen, hier im Freibad. Sie nicht ansprechen. Sich nicht zu ihr setzen. Sie hatte doch eine unsichtbare Grenze um sich gezogen. Was sollte sie tun? Ihr fiel nichts ein. Sie verfiel in diese Starre, die ihr so

vertraut geworden war. Schaute einfach geradeaus.
„Okay, hab verstanden.“ Der Typ stand auf und ging.
Ging. Ging endlich.
Wäre sie doch auch gegangen. An dem Tag. Hätte, wäre, würde, wenn. Konjunktive, die wie Kieselsteine in ihrem Magen rumpelten und sich nicht verdauen ließen.
Nachdem sich im letzten Jahr die ganze Clique am Phönix-See getroffen hatte und schon einiges an Getränken rumgegangen war, kam dieser neue Typ auf die Idee, ein bisschen klettern zu gehen auf Phoenix-West. Anschließend könne man noch zu dem kleinen See am Viadukt gehen. Das klang spannend. Es war schon dunkel, aber immer noch eine wunderbar laue Sommernacht. Der Mond hüllte alles in ein silbernes Licht. Ellen und Mia wollten nicht mehr mit. Auch die anderen fanden das nicht so spannend. Da aber Tobi, ihr langjähriger Schulfreund, mit dabei war, war auch sie mitgegangen.
Nachdem die Jungs ein bisschen rumgekraxelt hatten und Leonie unten die nächste

Flasche Alkopops geleert hatte, gingen sie zum kleinen See. Tobi kam nicht mehr mit.
Leonie hatte dieses Gefühl im Magen, diese Stimme, die ihr sagte: „Geh mal lieber nach Hause", aber ihr Übermut, ihre Lebensfreude, ihre Unbeschwertheit hatten alle „*Ja*" gesagt. Und Alex, der Neue, war noch dabei.
Am Viadukt war immer noch eine Menge los. Ein paar Jungs saßen auf der Treppe, hörten Musik, hatten Bier dabei und noch Härteres. Leonie flirtete mit den Jungs. Genoss die Aufmerksamkeit. Dieses Wissen, dass sie sie schön fanden und begehrenswert. Der Neue versprach, sie nachher nach Hause zu bringen.
Es wurde immer später, und sie waren noch zu viert.
Dann ging eigentlich alles ganz schnell. Einer der Männer kam näher, immer näher. Fasste sie an. Zwischen ihre Beine, an ihren Busen. Sie sagte: „Nein!"
Der andere, der mit der Zahnlücke, setzte sich hinter sie und umarmte Lisa von hinten. Sie sagte: „Nein."

Der Neue aus ihrer Clique wurde von dem anderen weggeschickt.
Leonie hatte ein Messer gesehen. Sie sagte noch zu Alex: „Nimm mich mit. Alex, nimm mich mit."
Aber es nahm sie niemand mit.
„Du kennst uns, Alex, ein Wort an die Bullen, und du bist tot!" Dabei machte der Fremde die Handbewegung für Halsaufschlitzen.
„Leg dich hin!", schrie der eine.
Der mit der Zahnlücke hielt sie fest.
Sie sagte nochmal leise: „Nein."
Dies schien sie jedoch anzuspornen.
Anschließend, nachdem beide mehrmals über sie hergefallen waren, ließen sie sie liegen. Ihre Tasche nahmen sie mit.
Es dämmerte bereits, als sie zu sich kam. Ein Spaziergänger mit einem Hund fand sie und rief die Polizei. Man hatte sie schon vermisst. Ihre Eltern hatten sie vermisst.
Später konnte sie nicht sagen, was schlimmer gewesen war:
Die stillen Vorwürfe ihrer Freundinnen, die ihr zu sagen schienen: *Was bist du auch so unvernünftig.*

Die Verzweiflung ihrer Eltern, die wussten, dass das Leben ihrer Tochter mal eben mit Volldampf aus den Fugen geraten war.

Die Polizisten, die ihr das Gefühl vermittelten, selbst schuld zu sein.

Die Clique, die sich abwendete, weil sie mit ihrer Starre und mit den eigenen Vorwürfen, die sie sich machte, nicht zurechtkam.

Der Kontrollverlust über ihren Körper.

Ihr Leben, dass auseinander gebrochen ist durch das gewaltsame Überschreiten jeglicher Grenzen.

Die Gerichtsverhandlung, in der die Täter allen deutlich machten, dass sie, Lisa, das ja schließlich so gewollt habe.

Alex, der nun nicht mehr in der Clique war, der sagte, er habe das Gefühl gehabt, sie wolle dortbleiben.

Für sie war es der Verlust des Vertrauens darauf, dass wir uns in einer aufgeklärten Gesellschaft befinden, in der Frauen gleichberechtigt mit Männern zusammenleben. Aber sie dürfen sich nicht so verhalten, als seien sie es.

Leonie stand auf und packte ihr Handtuch und ihre Decke zusammen. Nichts war mehr wie vorher und würde es auch nicht mehr sein.
Sie setzte ihre Kopfhörer auf, drehte die Lautstärke hoch und ging.

2. Patrizia

Dieser Text entstand 2021 zum Internationalen Tag gegen Gewalt an Frauen. In Dortmund ist im Frühjahr eine Frau und vierfache Mutter von ihrem Mann umgebracht worden, weil sie gehen wollte. Man nennt das Femizid.
Jeden Tag versucht in Deutschland ein Mann seine Frau umzubringen, weil sie sich abgewendet hat, weil sie gehen möchte oder bereits gegangen ist. Jeden dritten Tag gelingt es ihm.
Es ist eine männliche Machtausübung: Wenn ich sie nicht haben kann, dann darf sie keiner haben. In den Medien wird oft von Beziehungstaten gesprochen. Das ist so nicht richtig. Wenn ein Mann seine Frau jahrelang drangsaliert, schlägt, einengt, vergewaltigt und unterdrückt und diese Frau gehen will, dann ist der Mord an ihr keine Beziehungstat. Andere Länder wie zum Beispiel Spanien sind in der Prophylaxe von Femiziden schon weiter als Deutschland. Bei uns gibt es große Unterschiede vor allem in den einzelnen Bundesländern.

Frauenverbände, Organisationen und Opferhilfen fordern seit langem einheitlichen Schutz vor Gewalt, aber davon sind wir noch weit entfernt.
Ich empfehle an dieser Stelle das bahnbrechende Buch von Julia Cruschwitz: «Femizide: Frauenmorde in Deutschland», bei dem nach der Lektüre eigentlich ein Ruck durch unsere Gesellschaft gehen müsste.

Prinzessin

„Prinzessin, wo bist du? Bin zuhause."

„Hier!", es klang härter, als Patrizia es hatte sagen wollen. Sie wusste doch, wie sie ihn damit provozierte.

„Im Wohnzimmer, mein Liebling", flötete sie eilig in seine Richtung. Sie hob den schmerzenden Kopf und sah aus den Augenwinkeln, wie seine Miene aufhellte. Sie funktionierte und reagierte auf ihn.

Darauf war sie trainiert. Nicht nur ihr Kopf schmerzte bei jeder Bewegung, auch ihr Unterleib zeigte Spuren der letzten Nacht. Er war betrunken nach Hause gekommen. Während sie noch schlief, hatte er ihre Haare genommen und daran gezerrt. Sie war aus dem Bett gefallen. Daraufhin schleifte er sie weiter bis zur Wand. Ehe sie sich versah, knallte ihr Kopf dagegen. Dann trat er zu. Sie war noch im Tiefschlaf gewesen. Ehe sie hatte reagieren können, war es schon zu spät. Sie krümmte sich danach zusammen, wehrte sich aber nicht mehr gegen seine Vergewaltigung von hinten. Sie wusste, es hatte sowieso keinen Zweck. Er würde nur noch brutaler werden. Freiwillig tat sie es schon lange nicht mehr – und er nahm es sich, wann er wollte. Mal mehr, mal weniger brutal, wenn sie Glück hatte.

„Was ist mit dem Essen? Ich hab Hunger, die Kinder kommen gleich aus der Schule. Wie siehst du überhaupt aus? Zieh dir mal was Vernünftiges an. Du wirst immer schlampiger."

„Ich hab was im Kühlschrank, ich mach es gleich warm. Mein Kopf, er tut so ...!" Sie hatte völlig die Zeit vergessen.

„Stell dich nicht so an. Immer hast du neue Ausreden. Ich weiß nicht, was ich mit dir noch machen soll!"

Umbringen, wollte sie sagen.

Denn manchmal wünschte sie sich, er würde es tun. Dann wäre sie erlöst. Aber dann dachte sie an Marcel, Nina und Lena.

„Du hast recht, Liebling, entschuldige. Ich mach mich schnell fertig."

Sie stand auf, ging ins Bad und schaute in den Spiegel. Zum ersten Mal an diesem Tag. Sie erschrak. Sie musste den blauen Fleck überschminken, bevor die Kinder kamen.

Was war nur aus der Prinzessin geworden? Was aus ihrem Prinzen?

Als sie sich vor zehn Jahren kennengelernt hatten, war sie gerade 21 gewesen, hatte ihre Ausbildung beendet und das erste Geld verdient.

Es war beim DJ-Picknick im Fredenbaumpark geschehen. Sie hatte einen Minirock und eine geblümte Bluse getragen, das wusste sie noch. Ihre mit einem Lockenstab stundenlang geföhnten hellbraunen Haare waren ihr wellig über die Schultern gefallen. Ein roter Lippenstift sollte Aufsehen bewirken.

Frank hatte mit seiner Clique auf Liegedecken direkt neben ihrer Freundin Helene campiert und von Anfang an mit ihr geflirtet. Später waren sie tanzen gegangen und dann irgendwann am Abend ... der erste Kuss.

Frank war so zaghaft gewesen, so vorsichtig. Nachdem die Musik beendet war und die Lichter ausgegangen, hatte er sie nach Hause gebracht.

„Darf ich dich wiedersehen?", hatte er zaghaft gefragt und sie mit pochendem Herzen „Ja!" geantwortet.

Sie waren ein paar Mal miteinander ausgegangen, er hatte sie zum Essen eingeladen, ihr schöne Kleidung geschenkt und ihr das Gefühl gegeben, etwas absolut Besonderes zu sein.
„Meine Prinzessin, die schönste Frau, wo gibt", hatte er ihr stets versichert.

Als ein halbes Jahr später Marcel unterwegs gewesen war, war sie hin- und hergerissen zwischen Abtreibung und Freude. Sie war in der Meisterschule eingeschrieben und wollte nach ihrem Abschluss einen eigenen Friseursalon eröffnen und endlich unabhängig von ihren Eltern sein, bei denen sie leider immer noch wohnte, da sie in dem Job nicht genug verdiente für eine eigene Wohnung. Da passte erst mal kein Kind rein.
„Das kommt überhaupt nicht in Frage", hatte er bestimmt. „Ich liebe dich, und du bekommst das Kind, das ist unsere Entscheidung und nicht deine. Wir heiraten."
Sie hatte ihm damals verständlich machen wollen, dass sie erst einmal eine Zeitlang allein leben und sich etwas aufbauen wollte.

Von den Eltern sofort in die nächste Abhängigkeit war nicht ihr Plan gewesen.
Frank hatte gemerkt, dass sie geschwankt hatte und alle Register gezogen. Er hatte Rosen gekauft, vor ihr nieder gekniet: „Ich liebe dich, Prinzessin. Das ist unser Schicksal. Ich freue mich auf unser Familienleben und das Kind. Bitte heirate mich. Die Meisterschule holst du nach, das verspreche ich dir."
Patrizia war damals gerührt gewesen. Vielleicht würde ja alles gut gehen. So kam sie schneller von den Eltern weg, die nur gestritten und Alkohol getrunken hatten und auch mal handgreiflich geworden waren.
Sie hatte eingewilligt.
Die Hochzeit war schlicht, aber wunderschön gewesen. Er hatte sie auf Händen in die neue, kleine, noch nicht komplett renovierte Wohnung getragen.

„Was ist?"
„Komm schon, Schatz."
Sie wusch sich, überschminkte den blauen Fleck, kämmte sich sehr vorsichtig wegen

der schmerzenden Kopfhaut und zog sich das Kleid an, das noch von gestern da hing.

Die Erbsensuppe begann gerade zu kochen, als es klingelte.

Die Kids kamen rein. Jetzt war sie außer Gefahr. Wenn die Kinder da waren, riss er sich meist zusammen und spielte heile Familie.

Heute war gemeinsamer Schulschluss für alle drei. 10 Minuten später saßen sie am Tisch wie eine harmonische Großfamilie. Das Brot wurde verteilt, die Teller gefüllt, Marcel und Nina erzählten von der Schule, nur Lena verzog ihr Gesicht, als sie sah, was es gab.

„Es wird gegessen, was auf den Tisch kommt", schrie Frank.

Alle Kinder zuckten zusammen.

Lena nahm zögerlich einen Löffel von der Suppe.

Patrizia tat es in der Seele weh, mitanzusehen, wie ängstlich ihre Kinder bereits waren.

Alle aßen ihre Suppe schweigend weiter.

Patrizia dachte an den Telefonanruf heute Morgen. Sie hatte von ihrer freundlichen Nachbarin, Frau Ortmann, die regelmäßig mitbekam, was hier abging, letzte Woche

eine Telefonnummer in die Hand gedrückt bekommen: Hilfe für Frauen.
Ihre Nachbarin hat sie mitfühlend angesehen und gesagt: „Ich weiß, was du mitmachst. Du musst was tun!"
Heute Morgen hatte Patrizia bei ihr geklingelt und um Hilfe gebeten.
Gemeinsam hatten sie bei der Hilfestelle angerufen. Patrizia durfte, das hatte Frank bestimmt, kein Handy haben.
Frau Ortmann hatte die ganze Zeit ihre Hand festgedrückt gehalten und ihr Mut gemacht.
Der Frau am anderen Ende der Leitung hatte sie alles erzählt: das ganze Martyrium, das sie seit 10 Jahren mitmachte, die Schläge, die Vergewaltigungen, die psychische Gewalt. Sie bekam kein eigenes Geld, durfte die Wohnung nicht alleine verlassen und wenn, dann nur, um mit den Kindern zum Spielplatz zu gehen. Vermutlich damit niemand die Folgen ihrer Misshandlung mitbekam wie Knochenbrüche, Blutergüsse und Schnittwunden. Ihre Meisterschule, die sie nie angetreten hatte, erwähnte sie erst gar nicht.

Einmal hatte sie ihre langjährige Freundin Helene gebeten, auf die Kinder aufzupassen, da sie zu dieser Zeit zu einer Beratungsstelle wollte. Er war früher nach Hause gekommen, am Spielplatz vorbei, und hatte Helene allein mit den Kindern gesehen. Er hatte sie so lange bedroht, bis sie erzählt hatte, wo Patrizia war.
Als sie nach Hause kam, waren ihre Kinder im Zimmer eingesperrt.
„Ich bring euch alle um, wenn du da nochmal hingehst. Was sollen die Leute von mir denken? Du bleibst bei mir. Punkt aus. Keine Frau verlässt einen Frank Herrmann." Mit einem Messer hatte er vor ihr gestanden. „Und deine Kinder bring ich gleich mit um."
Sie hatte geschrien und um Vergebung gebeten. Die Prügel, die dann gefolgt waren, hatte sie noch Wochen später gespürt.

Rückblickend konnte Patrizia nicht sagen, wann diese Veränderungen angefangen hatten. Es war schleichend passiert, hatte sie eingewickelt, wie eine Spinne ihr Opfer in ihr Netz einspinnt – und irgendwann war sie da nicht mehr rausgekommen. Ein Gespräch mit ihrer Mutter hatte darin geendet, dass diese meinte, sie, Patrizia, sei doch selbst daran schuld. So früh schwanger zu werden! Schließlich gehe er doch arbeiten und bringe Geld nach Hause. Sie solle froh sein und sich fügen, dann werde er sie auch weniger schlagen. Es gebe Schlimmeres. Sie selbst würde das ja auch schließlich schon seit Jahren ertragen.

Das Gespräch mit seiner Mutter war genauso erschreckend gewesen. Frank sei ein toller Mann, guter Junge und fürsorglicher Vater und hätte sie schließlich sofort geheiratet, als sie schwanger geworden sei. „Wenn er dich schlägt, hat er seine Gründe."

„Lena, du hörst jetzt sofort auf zu weinen", schrie Frank die Kleine an.

Patrizia erwachte aus ihrem Gedankenkarussell.

„Nun, bitte, lass sie doch. Sie mag nun mal keine Erbsen. Ich hab nicht daran gedacht. Süße, versuch es doch noch mal, nur einen Löffel."

„Ach, haben wir hier noch eine Prinzessin? Ich gehe hart arbeiten, damit wir Essen auf den Tisch bekommen. Das wird jetzt gegessen. Basta.“ Er schlug mit der flachen Hand auf den Tisch, sodass alle ihre Köpfe einzogen und sich klein machten. Lena jedoch fing noch lauter an zu weinen.
Patrizia verlor die Fassung. Sie konnte nicht mehr. Die Frau von der Hilfe hatte gesagt, sie solle gehen, wenn er aus dem Haus sei. Die Kinder würden von der Schule abgeholt. Dann kämen sie alle in ein Frauenhaus. Nur wäre gerade kein Platz frei. Sie solle sich gedulden. Vielleicht in 3 bis 4 Monaten. Aber Patrizia konnte sich nicht mehr gedulden.
„Frank, ich werde dich verlassen. Jetzt. Ich nehme die Kinder und gehe.“
Frank lachte laut auf. „Du gehst nirgendwo hin.“ Er packte Patrizia hart am Arm.
„Papa, lass das! Bitte!“ Marcel ging zu Frank, richtete aber nichts aus, sondern flog anschließend durch die halbe Küche und blieb unterhalb der Spüle reglos liegen.
Jetzt schrien auch die Mädchen, sie kreischten wie aus einem Mund.

Frank stürmte zum Besteckkasten, riss ihn so heftig auf, dass Löffel und Gabeln durch die Luft flocken und klirrend auf dem Boden landeten. Dann stand er da, das Tranchiermesser in der Faust, als wolle er Fleisch schneiden.

„Ich hab es dir gesagt, immer und immer wieder ... Du gehst nirgendwo hin, vorher wirst du sterben, und ihr seid jetzt alle endlich ruhig!"

Aber die Schreie der Mädchen wurden schriller und lauter.

Marcel umklammerte jetzt ihre Beine.

Patrizia konnte spüren, dass er zitterte. Was sollte sie tun? Hier eskalierte alles, aber sie konnte nicht mehr. Sie tat zwei Schritte zur Tür und spürte, wie die lange kalte Klinge des Messers in ihren Rücken getrieben und wieder herausgezogen wurde. Und nochmal und nochmal ...

Meine Kinder, war ihr letzter Gedanke.

Frau Ortmann hörte das Geschrei der Kinder, öffnete ihre Haustür und sah, wie Nina, die 8-Jährige, versuchte ihrem Vater zu entkommen. Aber ihr Nachbar Frank war schneller.

Frau Ortmann schloss sofort die Tür hinter sich. Mit zittrigen Händen griff sie zum Telefon und rief Polizei und anschließend den Notarzt.

Aber alle kamen zu spät.

Frank Herrmann hatte ganze Sache gemacht. Eine Beziehungstat hieß es später in den Medien. Wie immer. Wenn sie überhaupt berichteten. Eine Beziehungstat oder Familientragödie – von Femizid kein Wort.

3. Güzel

Diese Geschichte wurde von mir zum Internationalen Tag gegen Gewalt an Frauen geschrieben.
Eine Frau aus dem Publikum kam nach einer vorherigen Veranstaltung im Dietrich-Keuning-Haus, die ich zusammen mit dem Migrantinnen Verein Dortmund e.V. durchgeführt habe, zu mir und bat um ein Treffen. Sie wollte mir ihre Geschichte erzählen. Da sie so traurig aussah, sagte ich ihr zu. Sie möchte anonym bleiben. Wir sind immer noch in Kontakt. Sie ist eine starke Frau geworden, die um ihre Wunden weiß und trotzdem nicht aufgibt.
Danke an die Frau, die diese wahre Geschichte mit uns geteilt hat.

Unter den Füßen der Männer ist der Himmel

Es läuft „Wicked Soul" von Kubb.

Ich liebe diesen Song. Er ist für mich der Inbegriff von Sehnsucht, Melancholie, Hoffnung und Liebe.

Mein Name ist Güzel, das heißt die Schöne. Ich bin Türkin. Deutsche würden mich eine aufgeklärte Türkin nennen. Ich bin in Deutschland geboren, ein Kopftuch trage ich nicht. Das muss jede Muslimin für sich selbst entscheiden. Den Koran trage ich in meinem Herzen. Mohammed war gut. Ich hab den Koran gelesen. Dort steht, dass Mohammed seine Frau stets um Rat gefragt hat. Bei ihm war die Frau gleichberechtigt. Das ist heute leider häufig nicht so. Es ist immer eine Frage der Interpretation. Eine deutsche Freundin von mir sagt das Gleiche. Sie ist Atheistin, sagt sie, aber sie mag Jesus und meint, was die Kirche bezüglich der Frau in die Bibel hineininterpretiert hat und auch heute noch lebt, hat nicht viel mit den ursprünglichen Gedanken von Jesus zu tun. Es

waren Männer, die alles so zurechtgelegt haben, wie es ihnen am besten passte.
Bei mir hieß es schon als Kind: „Unter den Füßen der Männer ist der Himmel.“ Das bedeute, dass meine Religion uns Frauen sage, wir müssten immer Respekt und Achtung vor dem Mann haben.
„Du musst den Männern gehorchen“, befahl mir meine Mutter stets. „Tu immer alles, was sie sagen. Sie haben den Himmel unter ihren Füßen.“
Sobald mein Vater unsere Wohnung betrat, sprang meine Mutter auf. „Was willst du? Was kann ich für dich tun? Möchtest du trinken? Soll ich dir dein Essen warm machen?“, fragte sie.
Meine Mutter war meinem Vater sehr ergeben. Und ich, als einzige Tochter, musste es auch sein.
Dabei hatte mein Vater sich diesen Respekt nicht verdient. Er war sehr brutal und schlug ständig meine Mutter. Vor allem, wenn sie sich darüber beschwerte, dass er spielte und trank. Fünf Mäuler waren zu ernähren. Dann war da außerdem noch der große Bruder, der

in der Türkei geblieben war, bei den Großeltern. Er war der Erstgeborene und konnte damals nicht mitgenommen werden. Niemand hätte ihn versorgen können, denn meine Eltern hatten beide gearbeitet.
Ich kannte ihn von unseren Urlauben in der Türkei. Er war mir fremd und unheimlich. Ich hatte immer das Gefühl, dass er neidisch auf uns war. Auf uns, die wir hier geboren waren und in seiner Familie lebten.
In der Schule war ich eine gute Schülerin. Ich lernte Deutsch. Ich sah andere Mädchen und begriff schnell die Unterschiede.
Ich bekam mit, dass sich deutsche Mütter scheiden ließen, wenn der Vater brutal war, und fragte irgendwann mal meine Mutter, warum wir bei unserem Vater blieben.
Die Antwort war eine Ohrfeige: „Eine türkische Frau trennt sich nicht von ihrem Mann. Damit bringt sie Schande über ihre Familie."
Ich sah in ihren Augen, dass sie glaubte, was sie sagte. Für sie war es keine Schande, regelmäßig von Nachbarn gerettet zu werden, die eingriffen oder die Polizei holten, wenn sie wieder zu laut schrie.

Meine Mutter sah nicht gerne, wenn ich mit Deutschen spielte, aber noch schlimmer war der Kontakt mit Aleviten. Dabei hat Mohammed doch geschrieben: „Habe Respekt vor allem, was Allah geschaffen hat."
Mein Leben und das Leben meiner Brüder änderte sich abrupt, als mein Bruder aus der Türkei zu uns kam. Denn bevor man 15 Jahre alt wird, muss man hier leben, sonst ist eine Einreise ohne Heirat nicht mehr möglich.
Dadurch konnte meine Mutter wieder in Vollzeit arbeiten gehen, denn der große Bruder passte auf uns auf.
Aufpassen. Dass ich nicht lache! Er tyrannisierte uns von Anfang an. Er setzte uns schimmeliges Essen vor. Wenn wir kotzen mussten, dann zwang er uns, die Kotze aufzuessen. Daraufhin kochte er für sich selbst frisches Essen, und wir mussten am Tisch sitzen und ihm hungrig zuschauen.
Er sperrte uns ein, verprügelte uns. Er war der Stolz unseres Vaters. Sein Ein und Alles – und wir, wir wussten, wir durften nichts gegen ihn sagen. Er war unser großer Bruder, er passte auf uns auf, mit einem Gürtel in der

Hand und einem Lächeln, auf das der Teufel neidisch wäre.
Viel später, erst sehr viel später verstand ich, warum er so war: Er war ohne Liebe groß geworden, der Großvater hatte ihn brutal behandelt, die Großmutter hatte wegen ihm ein weiteres Maul zu stopfen gehabt. Früh musste er mit anpacken, helfen und arbeiten. Dann kamen wir zu Besuch, die verwöhnten Kinder aus Deutschland, die zur Schule gehen durften und bei seinen Eltern lebten. Welch einen Hass muss er gehabt haben und welch eine Sehnsucht nach Liebe! Diese Liebe versuchte er sich später bei mir zu holen.
Ich war elf, als er das erste Mal bei mir war. Ich war immer so stolz gewesen auf mein eigenes Zimmer. Ab da verfluchte ich es. Wenn jetzt die Tür hinter ihm zu ging, wusste ich, was kam.
Er war in der Pubertät, ich eine Fremde für ihn. Eine Frau, die zur Verfügung stand und die nichts sagen würde, nichts sagen durfte. Ich weiß nicht, warum ich damals die Hoffnung hatte, sein Verhalten mir gegenüber

würde sich verändern. Aber er behandelte mich weiterhin wie Abfall. Er sollte mir Fahrradfahren beibringen. Ich stürzte vom Fahrrad, blieb in den Speichen hängen. Er stieg in den Sattel, zog mich hinter sich her und lachte dabei. Noch heute habe ich die Narben an meinen Beinen und die Reste des schwarzen Schotters in meinem Knie.

Die Übergriffe wurden immer schlimmer. Erst spielte er nur an mir rum, später vergewaltigte er mich regelmäßig und brutal. Vier Jahre lang war ich ihm ausgeliefert.

Ich traute mich nicht, mit meinen Eltern darüber zu reden. Ich wusste, dass wir Frauen selbst schuld sind, wenn wir vergewaltigt werden. Das hatte mir meine Mutter erklärt. Und sogar ein Richter in der Türkei hat einem Mädchen, das auf dem Feld von Bauarbeitern mehrfach vergewaltigt worden war, kein Recht gegeben. Sie hatte bei 45 Grad kein Kopftuch getragen und den Rock etwas gelüftet, weil weit und breit kein Mensch zu sehen war. Ihr war die Schuld wegen ihrer "Freizügigkeit" zugesprochen worden. Sie kämpft noch heute um ihr Recht.

Das war doch klar: Wir reizen die Männer. Er, mein Bruder, war doch der Augenstern meines Vaters. Mein Vater würde mich verstoßen. Ich wäre eine Schande für meine Familie. Wo sollte ich leben?
Als ich mit 15 Jahren wegen Tuberkulose in die Klinik eingeliefert wurde, genoss ich die Zeit im Krankenhaus. Ich glaube nicht, dass sich je ein Kind so darüber gefreut hat, wochenlang im Krankenhaus zu liegen. Als die Krankheit zurückging und der Tag näher rückte, an dem ich wieder nach Hause kommen sollte, bekam ich einen Zusammenbruch. Ich erzählte einer Krankenschwester, zu der ich Vertrauen gefasst hatte, was zuhause passierte. Ehe ich mich versah, war eine Psychologin bei mir, das Jugendamt eingeschaltet und ich im Frauenhaus.

Ich hatte keinen Kontakt mehr zu meinen Eltern, machte mir einerseits Vorwürfe, wollte andererseits aber auf keinen Fall zurück.
Wie meine Eltern herausbekommen hatten, wo ich war, ist nebulös. Irgendwie hatten sie den Mann aus dem Jugendamt, der mich

betreute, verfolgt, ihn vielleicht aber auch bedroht. Ich weiß es nicht. Auf jeden Fall standen sie irgendwann vor dem Frauenhaus. Mittlerweile wussten sie auch vom Jugendamt, was passiert war. Sie baten mich zurückzukommen.
Mein Vater sagte mir, dass das nicht richtig gewesen sei, was mein Bruder gemacht hätte. Er würde das nie wieder tun. Außerdem hätte ich mit ihm, dem Familienoberhaupt, reden sollen. Er hätte mich beschützt. Er tat mir leid. Ebenso meine Mutter. Ich sehnte mich, trotz allem, nach meiner Familie. So ging ich wieder zurück.
Allerdings war nun ihre größte Sorge meine Unschuld. Wie sollte ich je einen Mann finden, wenn mein Jungfernhäutchen bereits geplatzt war? Ich war unvermittelbar und entehrt. Ich musste einige ärztliche Untersuchungen in der Türkei und auch in Deutschland über mich ergehen lassen, bis wir eine Ärztin fanden, die mich ganz vorsichtig zunähte, damit ich beim Geschlechtsverkehr mit meinem zukünftigen Mann bluten würde. Das Zeichen meiner Unschuld.

Ob ich überhaupt jemals mit einem Mann schlafen wollte, wurde ich gar nicht gefragt. Ich hatte wieder einmal zu gehorchen. Ich zahlte einen hohen Preis für meine Familie und meine türkische Gemeinschaft.

Es wurde ein Mann für mich gefunden. Wir heirateten, und alles nahm seinen Lauf. Warum ich bei jedem Geschlechtsverkehr heulte, fragte mein Mann mich nicht.

Irgendwann erzählte ich es ihm, bei Nacht, im Dunklen. Er lag neben mir, sah mich nicht, hörte mich nur. Ich hatte Angst, was passieren würde, aber er nahm mich in den Arm und tröstete mich wortlos. Wir haben nie darüber gesprochen. Nur meinen Bruder, den hasst er.

Ich hasse ihn nicht. Er ist mein Bruder. Er tut mir leid. Er ist arm. Arm an Gefühlen, arm an Mitleid. Er ist auf die schiefe Bahn geraten, in den Knast gekommen, er ist am Herzen erkrankt.

Er hat seine Strafe bekommen.

Ich bin in Therapie, immer noch. Vergessen kann ich nicht. Aber ich weiß, ich habe Glück

gehabt, ich habe zwei gesunde süße Mädchen und einen lieben Mann.
Und über uns allen ist der Himmel.

4. Lara

„Lara" entstand durch einen Zeitungsartikel, der mich sehr geschockt hat. Aber Lara steht auch stellvertretend für all die vielen Kinder weltweit, wissentlich auch in meiner Heimatstadt Dortmund, die Opfer ihrer Eltern und skrupelloser Menschen geworden sind und es immer noch werden.
Geschrieben wurde sie für eine Benefiz-Lesung, die die Bloody Marys für das Kinderschutz-Zentrum Dortmund gegeben haben.*

- *Die Bloody Marys waren eine Vereinigung von Dortmunder Krimiautorinnen, die von 2008 bis 2014 bestanden hat. Wir haben ausschließlich Benefizlesungen für Frauen- und Kindereinrichtungen gemacht.*

Sacred Love

Aus den Boxen klingt Sting. Laut und klar. Sie haben gute Boxen hier.

Lara hat es so gewollt. Es war ihr Lieblingslied. „Sacred Love" – Heilige Liebe. War es das, was sie sich immer gewünscht hatte? Reine, unschuldige Liebe?

Ich lächele und stelle mir Lara vor, wie sie nach der Musik zu diesem Lied tanzte, ganz entrückt. Ihr schwarzes, lockiges Haar fiel ihr ins Gesicht. Verdeckte ihre tiefblauen Augen, die in die Welt schauten, als wäre sie nur zu Gast bei uns, nicht dauerhaft hier.

Eine entfernte Verwandte verzieht das Gesicht. Empört sich ein wenig, wegen der ungewöhnlichen Musik.

Ich schaue meine Mutter an. Ihr Gesicht eine Maske – aus Beton gegossen wie ihr Herz.

Als wir noch kleiner waren, hatte Lara mir erzählt, dass jeder Mensch ein Herz hat, welches uns am Leben hält, und dass man auch sagt, die Gefühle kämen daher. Lara meinte, unsere Mutter hätte bestimmt keines. Darüber haben wir gelacht.

Später an diesem Tag gingen wir zu der Baustelle gegenüber und haben zum Spaß, als keiner aufpasste, unsere Fußabdrücke in den frischen Beton der neuen Gehwege gesetzt. Sie sind noch heute zu sehen.
Vater ist auch da. Er sitzt weiter hinten und weint. Er ist mir fremd. Vorhin kam er auf mich zu, aber ich hab mich abgewendet. Ich will nichts mit ihm zu tun haben. Er war nie da für uns. Er ist gegangen, als wir noch klein waren.
Ich weiß noch, wie Lara geweint hat. Oft saß sie lange am Fenster und wartete auf ihn.
Wenn die Klingel ging, rannte sie als Erste zur Haustür, in der Hoffnung er wäre es. Aber er kam nicht mehr.
Mama haute ihr jedes Mal eine rein. Lara war das egal.
Mir hat er nicht gefehlt. Ich hab ihn immer nur gehasst, weil er uns mit Betonherz-Mutter allein gelassen hat und gegangen ist, weil er nicht einmal wiedergekommen ist und gefragt hat, wie es uns gehe. Es sitzen viele Leute hier. Lara war sehr beliebt. Alle wollten Lara. Schon früher war es so: Lara war

hübscher, Lara lachte schöner, Lara hatte so bezaubernde Augen. Lara! Lara! Lara! Ich dagegen: die karottenroten, widerspenstigen Haare meines Vaters und die farblosen, schmalen Augen meiner Mutter. Mein Lachen nicht annähernd so bezaubernd. Andere Schwestern wären unglücklich gewesen. Ich nicht. Ich nicht! Und doch, geliebte Lara, und doch wünsche ich mir jetzt, ich wäre die Schönere von uns gewesen. Ich war stets stärker als du. Ich hätte vielleicht damit umgehen können. Irgendwie!

Aber jetzt freue ich mich für dich. Ja, ich freue mich. Du hast es geschafft! Ich war nicht für dich da. Ich war nur froh, dass alle dich wollten und nicht mich, dass Mutter mich in Ruhe ließ. Ich dachte immer, du bist doch die Ältere. Du musst dich wehren. Deine verzweifelten Blicke übersah ich. Ich habe dir nicht geholfen, aber du, du hast dich jetzt selbst befreit. Und wie du es getan hast? Bewundernswert: vor den Augen unserer Mutter. Hast sie überwältigt, an den Sessel gefesselt und in das Gästezimmer gezogen. In das Zimmer, in das du immer gehen musstest mit den Männern, die nur dich wollten. Mit den Nachbarn, Arbeitskollegen und später auch fremden Kerlen. In diesem Zimmer, auf diesem Bett, hast du dir die Pulsadern aufgeschnitten – und sie musste zusehen, wie du langsam verblutet bist. Ich hab euch beide gefunden, geliebte Lara: Mutter bewusstlos und dich in einem Meer aus Rot. Du hast Rot geliebt. Ich weiß. Mutter spricht seitdem nicht mehr. Kein Wort. Ich habe deinen Abschiedsbrief gelesen und alles so gemacht, wie du es wolltest. Man wird sie bestrafen. Lara! Alle! Ich gebe ihre Namen morgen an die Polizei. Jetzt läuft von Silence 4: „Only pain is real". Ein Musikwunsch von mir.

Wenn alles erledigt ist, werde ich endlich das machen, was ich nie getan habe: Bei dir sein.

5. Julia

Auch dieser Text wurde durch einen Fünfzeiler in der Zeitung inspiriert. Eine 17-Jährige hatte ihrer Freundin offenbart, dass sie aus Versehen ihre Mutter umgebracht hatte. Eigentlich sollte es jemand anderen treffen.

Der Text entstand für eine Kampagne von Amnesty International Österreich zum Thema „sexuelle Gewalt in der Familie". Ich kam mit diesem Text unter die zehn besten Autor:innen im deutschsprachigen Raum.

Abendbrot

Nein! Nein, nicht! Es ist nicht für dich! Lass das Brot liegen, Mama. Es ist nicht für dich.

Es schrie in ihr, aber über ihre Lippen kam kein Wort. Still stand sie in der Küche. Ihr Großvater blickte stur zum Fernseher, der auf dem Küchenschrank stand. Es lief ‚Forsthaus Falkenau'.

Er starrte den Fernseher an, als säße dort sein Erzfeind.

Na ja, wer ihren Opa nicht kannte, hätte so gedacht. Aber wer ihn kannte, der wusste, dass er immer so schaute. Alles war ihm verhasst, seine Umgebung, seine Familie, Menschen, bekannte und unbekannte, er mochte sie nicht.

Julia hatte sich früh daran gewöhnt, dass sie aufpassen musste, wenn ihr Opa in der Nähe war. Sie durfte nicht spielen, zumindest nicht laut, sie durfte nicht weinen, dann setzte es schon mal was. Sie durfte nicht so viel reden, weil sie ihn beim Fernsehen störte. Sie durfte ihn nichts fragen, weil er keine Antworten hatte. Erst als sie zehn war, fing er an sie zu mögen, vor allem ihren Bauch.

Julia stand noch immer in der Küche. Ihre Mutter hatte das Butterbrot aufgegessen.
Ihre Mutter: Das Haar war strähnig und hing ungepflegt herab. Es war in der Mitte gescheitelt. Sie ließ es einfach wachsen. Für den Frisör war kein Geld da. Oder es war ihr egal. Der abgetragene Kittel spannte sich um ihren enormen Körper.
„Was starrst du mich so an, Julia? Mach, dass du rauskommst."
Sie konnte jetzt nicht gehen. Unmöglich. Alles in ihr sagte: „Hau ab, Julia, mach dich aus dem Staub, lauf zu Marvin und flieh mit ihm. Du weißt doch, wo Opa sein Geld hat, nimm es und hau ab. Nach Spanien, wo es immer warm ist."
Aber sie konnte sich nicht bewegen. Es ging einfach nicht.
Ihre Mutter kam auf sie zu. Gab ihr eine Ohrfeige.
„Ich rede mit dir! Hörst du mich?"
Julia löste sich aus ihrer Erstarrung.
„Ich will mit Opa ‚Forsthaus Falkenau' gucken."
Wollte sie das? Natürlich nicht.

Ihr Opa sah zu ihr her. Ein Mundwinkel verzog sich. Es war seine Art zu lächeln.
„Na, komm, meine kleine Lady. Setz dich zu Opa auf den Schoß."
Oder doch gehen? Aber nein, sie musste hierbleiben. Sehen, was passierte. Warum hatte sie nichts zu ihrer Mutter gesagt, als diese das Brot von Opa nahm, der es an die Seite gestellt hatte, weil er keinen Hunger hatte? Aber was hätte sie auch sagen sollen? Sie nahm Platz. Opa legte seinen Arm um ihre Taille. Sie hatte das Gefühl, kotzen zu müssen. Sein Geruch. Dieser Geruch von Schweiß, Alkohol und Rauch, vermischt mit seinem billigen Rasierwasser, das er meist nahm, anstatt sich zu waschen. Seine Hand glitt unter ihr T-Shirt. Ging hoch. Sie musste weg. Sie hatte doch so gehofft, dass er …
Ihre Mutter machte ein neues Bier auf und wischte den Schaum vom Flaschenhals an ihrer fleckigen Schürze ab. Verstohlen blickte sie dabei ihre Tochter an. Was lag in diesem Blick? Julia wusste, dass Opa das Gleiche mit ihrer Mutter machte wie mit ihr. Nur, dass in letzter Zeit öfter Julia dran war. War ihre

Mutter froh darüber? Hatte sie ihr deswegen nie geholfen?
Ihr Opa rülpste.
Der Förster, dessen Namen sie nicht kannte, begrüßte gerade ein paar Kinder. Einen kleinen Jungen nahm er lachend hoch und drückte ihn an sich. War das sein Sohn? Er setzte ihn ab und nahm ihn an die Hand, zusammen mit den anderen Kindern ging er auf einen Bauernhof zu. Da standen eine Frau und ein Mann, die Kinder liefen dahin. Sie gehörten dazu. Das ist eine Familie, dachte Julia. Eine richtige Familie.
Ihre Mutter schwankte, fasste sich mit der einen Hand an ihr Herz, mit der anderen hielt sie sich am Küchentisch fest. Die Bierflasche fiel auf den Boden. Rollte hin und her, während das Bier herausfloss. Ihr Opa hörte auf, Julia zu streicheln und schaute zu seiner Tochter rüber. Er wollte vermutlich etwas sagen wie: „Mensch, Olle, mach nich so´n Krach hier."
Aber er sagte nichts.

Ihre Mutter schwankte, fiel zu Boden und schlug dabei mit dem Kopf an der Tischkante an.
Jetzt stand Opa auf.
„Mensch, Hilde, wat ist denn los mit dir? Nu mach mal keene Fisimatenten hier."
Er schüttelte sie.
Julia stellte sich dazu und schaute in die Augen ihrer Mutter. Sie waren blutunterlaufen und quollen hervor. Sie zuckte, würgte, versuchte Luft zu bekommen.
„Ruf einen Arzt, Mensch, Jule! Nun ruf doch einen Arzt! Steh nich so dumm rum! Dat hier is voller Ernst!"
Julia ging zum Telefon.
Ganz langsam. Nicht mit Absicht. Es ging nicht anders. Sie wählte 110, weil ihr nichts anderes einfiel. Die Polizei war am Apparat. Sie sagte denen, was los war. Sie fragten Julia nach der Adresse und dem Namen. Julia antwortete, als würde sie in der Schule von ihrer Lehrerin gefragt, nur, dass sie diesmal die Antworten wusste.

Kurze Zeit später kam der Notarzt. Er untersuchte ihre Mutter, konnte aber nur noch ihren Tod feststellen.
Er sah ihren Opa an: „Was ist denn passiert?
„Keine Ahnung, Mann. Ich hab Fernsehen geguckt und da kippt sie einfach um. Vielleicht zu viel gesoffen, Mann. Was weiß ich, bin ich denn hier der Arzt?"
Ihr Opa mochte keine Ärzte.
Der Arzt sah Julia an.
„Ich weiß auch nicht. Sie hat sich plötzlich ans Herz gefasst, nach Luft geschnappt, und dann ist sie umgefallen und mit dem Kopf hier dran gestoßen." Julia zeigte mit dem Finger auf die Stelle, an der ihre Mutter aufgeschlagen war.
Der Arzt sah sich die Hände ihrer Mutter an, dann roch er an ihrem Mund.
„Hat deine Mutter viel getrunken?"
„Ja, da, die Biere hat sie getrunken." Julia zeigte verlegen auf die mindestens zehn leeren Bierflaschen, die in der Ecke standen.
„Und geraucht hat sie auch?"
Julia wies wortlos auf einen überfüllten Aschenbecher.

„Wie alt ist deine Mutter?"
„Letzte Woche 49 geworden."
Er sah ihre Mutter an. Julia wusste, was er dachte: eine runtergekommene, versoffene Olle.
Herzinfarkt, lautete die Diagnose. Für eine Autopsie gab es keinen Grund.
Da ihrem Opa mit seinen 70 Jahren niemand zutraute, das Kind alleine zu versorgen, kam Julia nach kurzem Aufenthalt in einem Heim zu ihrer alleinstehenden Tante nach Norddeutschland.
Also hatte sie doch alles richtig gemacht.

6. Dajana

Diese Geschichte ist entstanden, als die Bloody Marys eine Benefiz-Lesung im Dortmunder Landgericht zugunsten der Mitternachtsmission hatten. Die Mitternachtsmission setzt sich seit über 100 Jahren für Prostituierte ein und versucht Hilfe und Unterstützung zu leisten.
Ich fragte nach der aktuellen Problematik, recherchierte und schrieb diesen Text. Viele Dortmunder können sich noch an unsere Schwierigkeiten nach der Osterweiterung der EU erinnern.
Dajana steht für alle die Mädchen, die dieses Schicksal nach wie vor erleiden müssen.

Nicht so!

Scheiße, ist das tief!

Wie bin ich nur auf die bescheuerte Idee gekommen, hier runter zu springen, um dann zermatscht auf dem Bahnhofsvorplatz zu landen, zwischen der ganzen Taubenscheiße?

Dajana nimmt noch einen Schluck des billigen Rotweins.

Die Aussicht von hier ist schön. Überall die erleuchteten Fenster und all die Sterne.

Letztens, an einem Sonntag, hat sie das Planetarium besucht. Das Thema des Vortrags ist „Großer Bär und gefiederte Schlange" gewesen. Es ist echt cool gewesen mit diesen ganzen Sternbildern.

Welche erkennt sie heute noch wieder? Sie legt sich hin, stopft ihre Tasche unter den Kopf und schaut in den Himmel. Sie findet den kleinen Wagen und den großen. Das weiß sie noch, der ist im Bären.

Es ist Sommer, es ist mild. Nur hier oben geht ein kühler Wind. Eine Brise, die sie spüren lässt, dass sie lebt, dass ein Teil von ihr weiterleben will. Trotz allem.

Der andere Teil aber verlangt: „Spring! Nun spring endlich, dein Leben hat keinen Wert. Niemand will dich. Du bist ein Nichts. Eine Hure, die ihren Körper verkauft und Schwänze lutscht."

Sie denkt an ihre Flucht zurück in die vermeintliche Heimat Rumänien. Der verächtliche Blick des Vaters, als sie ins Zimmer getreten ist. Seine Antwort auf ihr Flehen, bleiben zu dürfen, weil sie krank sei.

„Hau ab! Geh mir aus den Augen. Du bist eine Schande."

Widerstand gegen den Vater hat es früher nie gegeben. Aber diese Welt hat es nicht mehr gegeben. Sie hat ihn angeschrien: „Du warst es doch, der mich nach Deutschland geschickt hat. Du hast mich an deinen Bruder verschachert. Für euch hab ich das verdammte Geld verdient."

Statt einer Antwort hat Dajana die Faust zu spüren bekommen. Zuerst ins Gesicht, dann in den Magen. Danach hat er das Zimmer verlassen. Ihre Mutter hat mit auf den Boden gerichtetem Blick in der Ecke gestanden.

„Mama", hat sie gesagt.

Aber ihre Mutter hat weiter auf den Boden geschaut. Ganz so, als existiere sie nicht. Und da hat sie es gewusst: Hier bekommt sie keine Hilfe.
Niemand würde sie in den Arm nehmen und trösten.
Ihr Vater ist mit ihrem Bruder zurückgekommen. Ihrem kleinen Bruder Doran, um den sie sich immer gekümmert und den sie seit Jahren nicht mehr gesehen hat.
Sie hat ihn umarmen wollen, aber ihr Vater hat sie weggestoßen.
„Bring sie dahin, wo sie hingehört!"
Doran hat nicht einen Moment gezögert und sie zum Wagen gezerrt, hineinstoßen, sich selbst gesetzt und den Motor gestartet.
„Bitte, Doran. Bitte, hilf mir! Ich will nicht zurück. Ich kann das nicht mehr."
Aber er hat sie angesehen, als wäre sie ein verwestes Stück Fleisch. Kein Wort ist über seine Lippen gekommen.
Da hat auch sie geschwiegen.
Sie hat nicht gewusst, wer von ihnen ihr am meisten wehgetan hat. Auf halber Strecke

nach Deutschland hat ihr Onkel sie übernommen.
Genau wie damals.
Wenn sie daran zurückdenkt!
Wie glücklich sie zuerst gewesen ist, wie sehr sie sich darauf gefreut hat, nach Deutschland zu kommen. Sie ist 14 Jahre alt gewesen, hat sich chic anziehen und in die Disko gehen wollen. Die Schule besuchen. Vielleicht einen netten deutschen Mann kennen lernen, heiraten, die Familie nachholen. Ach, was hat sie sich damals alles ausgemalt.
Angekommen in Deutschland hat ihr Onkel sie in ein Zimmer eingesperrt und die Männer rein gelassen. Einen nach dem anderen. Als sie nicht aufgehört hat zu schreien, hat er ihr Drogen eingeflößt, die sie benommen und wehrlos gemacht haben. Sie hat was zu essen ins Zimmer gestellt bekommen, sich bei dem kleinen Waschbecken gereinigt, und wenn sie zur Toilette gemusst hat, ist ihr Onkel mitgegangen.
Immer, wenn ihm danach gewesen ist, hat auch er sie vergewaltigt. In die Disko ist sie nie gekommen.

So sind Monate und Jahre vergangen.
Irgendwann hat sie sich mit allem abgefunden. Später hat der Onkel sie auf den Straßenstrich geschickt. Einmal ist sie abgehauen, untergetaucht bei einer befreundeten Nutte.
Aber ihr Onkel hat sie schnell gefunden, zusammengeschlagen und gedroht, sie umzubringen, wenn sie das noch mal versuchen würde. Damals hat sie noch Angst gehabt.
Heute nicht mehr. Sie steht auf und geht wieder zur Dachkante des Hochhauses. Sieht hinunter. Aber nein. Nicht so! Nicht so ...!
Sie öffnet die schwere Metalltür, nimmt noch einen Schluck aus der Weinflasche und geht wieder hinunter.
Dann wird sie von der Großstadt verschluckt. Viele Menschen sind noch am Bahnhof. Rennen in alle möglichen Richtungen. Haben Ziele.
Sie geht in die Nordstadt. In eine Kneipe. Jeder kennt sie hier.

„Hi. Lang nicht gesehen. Warst wohl zu beschäftigt?" Dreckiges Männerlachen macht die Runde.
Mit einem Bier in der Hand geht sie vor die Tür, setzt sich auf die Mauer vor dem Fenster.
Jemand setzt sich zu ihr. „Na, Süße, heute schon was vor?"
„Verpiss dich!"
Später kommt er noch mal wieder.
„Haste Scheiße im Ohr? Hau ab."
Sie geht rein und kauft ein zweites Bier. Als sie rauskommt, ist er weg.
Wie würde es weiter gehen?
Es gab kein Weiter.
Krank ist sie nichts wert. Mit Präser will doch keiner. Obwohl: Man sieht sie ja nicht, diese Scheiße in ihrem Blut.
Nach etlichen Fieberanfällen, ständigem Durchfall und Hautausschlägen hat ihr Onkel sie endlich zu einer Ärztin gebracht.
„Aids im akuten Stadium. Aber das muss kein Todesurteil sein", hat sie gesagt.
Kein Todesurteil. Was sonst? Sie hat es doch bei Alicia mitgekriegt. Die Schmerzen, die

Angst. Am Ende der ausgemergelte Körper, die Übelkeit und der Durchfall. Und für Medikamente ist doch kein Geld ausgegeben worden. Das ist sie nicht wert gewesen.
Was soll sie machen, wenn sie ihren Körper nicht mehr anbieten kann? Wahrscheinlich würde ihr Onkel sie umbringen und verscharren, wenn er davon erführe. Sie würde ihm nichts sagen. Murmelt immer was von Allergie und Magen-Darm, wenn er fragt.
Sie will es selbst beenden.
Aber wie? Wie soll sie es anstellen? Vor einen Zug?
Nein. Das schafft sie nicht. Mit einem Messer? Sie kann kein Blut sehen.
Tabletten! Tabletten hören sich gut an. Keine Schmerzen, kein Blut. Vielleicht gibt es noch einen guten Kick vorher. Sie kichert unsinnig.
Der Typ von vorhin kommt wieder. Setzt sich erneut neben sie.
„Was du meinst über, dich mit Tablette umbringen?"

„Bloß nicht! Ein Kumpel von mir hat es versucht, und der ist gefunden worden und jetzt inner Klapse. Auf immer und ewig."
„Was du meinst? Wie am besten?"
„Schwierig."
Dajana nickt.
„Hochhaus", schlägt er vor.
Sie wirft ihm einen verächtlichen Blick zu.
„Und dann du liegst matschig zwischen Taubenschiss? Nee!"
„Stimmt!", sagt er und fügt sichtlich stolz hinzu: „Vergiften! Was hältst du vom Vergiften?"
„Sehr gut! Man muss nur wissen, was wirkt. Ich frage Leute! Vergiften! Gute Idee! Darauf wir trinken. Ich holen Bier."

Sie geht hinein, bestellt zwei Bier. Läuft schnell zur Toilette, löst ihren dichten schwarzen Zopf, schaut sich in die tiefbraunen Augen, zwinkert sich zu!
Dann zieht sie ihren Lippenstift nach und geht mit zwei Bier in der Hand wieder raus.
Sie hält ihm eins hin.

„Warum willst du das wissen? Willste dich umbringen?", fragt er jetzt.
„Du nicht fragen."
„Okay, na ja, dann Prost. Auf das Vergiften."

Nach dem fünften Bier kommt Schnaps. Danach ziehen beide durch die Nordstadtkneipen. Fast wie Freunde. Oder Verliebte. Sie lachen, unterhalten sich. Halten Händchen.
Als sie die letzte Kneipe nach Stunden verlassen, ist es schon länger hell. Die ersten gehen zur Arbeit, Schule oder Einkaufen.
Es ist ein schöner Morgen. Dajana hat für einen Moment vergessen, wer sie ist und was sie macht. Was gewesen ist und was morgen sein wird.
Er lacht sie an und legt den Arm um sie. Sie lehnt sich an ihn, schließt die Augen und genießt den Augenblick.
„Sollen wir zu mir?"
Unsicher sieht sie zu ihm hoch.
„Zier dich nicht! Ich weiß, du bist ´ne Nutte, aber vielleicht machst du es auch mal so?"
Sie starrt ihn an. Kann nicht glauben, was sie gerade gehört hat. Reißt sich aus seinen

Armen und rennt weg. Rennt und rennt, bis sie außer Atem ist und nicht mehr kann. Und schließlich heult sie.
Sie entdeckt einen Kiosk. Klingelt.
Lkws brausen hinter ihr her.
„Was darf´s sein?"
„Korn."
Neben ihr stehen zwei Mädchen. Chic angezogen, gestylt und von einer Wolke Parfüm umgeben.
Sie mustern Dajana von oben bis unten. Stecken ihre Köpfe zusammen und kichern.
Dann sagt die eine: „Was ziehst du heute Abend in der Disko an?
„Ich hab gedacht, das grüne Teil, das ich mir gestern gekauft habe."
Dajana bezahlt und dreht sich um. Die beiden Mädchen stehen im Weg. Sie stößt sie zur Seite.
„Hey, was soll das?", keift die Blonde.
„Scheiß Blondie, halt´s Maul", schreit Dajana und schubst sie gegen die Scheibe.
„Scheiß Schlampe", brüllt diese jetzt, geht auf Dajana zu und stößt sie mit beiden Händen.

Dajana strauchelt.
Sieht aus den Augenwinkeln einen LKW näherkommen.
Und lässt sich endlich fallen.

7. Simone

Diese Geschichte entstand durch die Erlebnisse während eines Rom-Urlaubs. In unserer Reise-Gruppe befand sich eine Frau mit Gehbehinderung. Der Mann verhielt sich einfach nur zuckersüß, wie man so schön sagt, und wurde von allen wegen seiner Aufopferung für seine Frau bewundert.
Bis ich zufällig im Vatikan – unbeabsichtigt – Zuschauer- und Hörerin des Paares wurde. Danach habe ich recherchiert und festgestellt, das war kein Einzelfall: Frauen mit körperlicher Behinderung in abhängigen Verhältnissen sind zwei- bis dreimal so häufig Opfer von psychischer und physischer Gewalt.
Dazu gibt es eine Studie der bmfsfj= Bundesministerium für Familie, Frauen, Senioren, Familie und Jugend.
https://www.bmfsfj.de/bmfsfj/service/publikationen/lebenssituation-und-belastungen-von-frauen-mit-beeintraechtigungen-und-behinderungen-in-deutschland-80576
Die von 2009 bis 2011 durchgeführte Studie liefert erstmalig repräsentative Daten

über Diskriminierungen und Gewalterfahrungen von Frauen mit Behinderungen. Befragt wurden Frauen zwischen 16 und 65 Jahren mit unterschiedlichen Behinderungen (zum Beispiel mit Lernschwierigkeiten oder Sinnesbeeinträchtigungen).
Ziel der Studie war es, bestehende Wissenslücken über das Ausmaß von Gewalt gegen Frauen mit Behinderungen und gesundheitlichen Beeinträchtigungen zu schließen und eine solide empirische Basis für gezielte Maßnahmen und Strategien gegen Gewalt und Diskriminierung von Frauen mit Behinderungen zu schaffen.

Lebenslang

Simone hatte es vorausgesehen. Schon, als sie es nicht geschafft hatte, ihre Jacke allein anzuziehen.

Sie fühlte sich heute erschöpft, hatte schlecht geschlafen und war unkonzentriert.

Er schlug die Augen zum Himmel, atmete tief ein und half ihr dann wortlos.

Dann, als sie Harald gebeten hatte, heute nur die kleine Runde zu drehen, bestand er darauf, die ganz große zu machen.

Simone fügte sich in der Hoffnung, dass sich seine Laune dadurch bessern würde.

Aber auf halber Strecke machte sie schlapp. Ihr taten die Arme weh, ihr Rücken schmerzte. Sie lehnte sich an einen Baum. Kurz nur.

Ohne Vorwarnung schlug er sie. Mehrmals.

Ihr Kopf knallte gegen den Stamm. Zack. Zack. Zack. Tränen traten ihr in die Augen, aber kein Ton kam über ihre Lippen. Sie riss sich zusammen. Sie wusste, wenn sie jetzt heulte, würde er komplett ausrasten.

Sie gingen weiter.

Rechte Krücke, linker Fuß, linke Krücke, rechter Fuß.
Der holprige Waldweg schien endlos.
Rechte Krücke, linker Fuß, linke Krücke, rechter Fuß.
„Siehst du, geht doch, Liebling." Fürsorglich legte er ihr den Arm um die Schultern. Lächelte sie an.
Simone war erleichtert. Unter Schmerzen setzte sie ihren Weg fort. Rechte Krücke, linker Fuß, linke Krücke, rechter Fuß.

Herr Schober, ihr Nachbar, kam ihnen entgegen. Am liebsten hätte sie gebrüllt: „Helfen Sie mir! So helfen Sie mir doch!" Aber was würde das nützen? Stattdessen erwiderte sie seinen Gruß und ließ liebe Grüße an die Frau ausrichten.
Zu Hause fiel sie müde in den Sessel. Er half ihr, sich auszuziehen, zog ihr die Freizeitkleidung an und deckte den Tisch fürs Abendessen. Auch sonst war er der liebenswerte Mann, den sie geheiratet hatte.
Bis sie mit ihren zittrigen Händen das Glas Milch umstieß.

Wie in Zeitlupe spielte sich alles Weitere ab. Er holte tief Luft, lief rot an, stand auf, schob seinen Stuhl zurück und fegte dann mit einer Armbewegung alle Sachen vom Tisch. Er brüllte und stampfte mit dem Fuß auf.
Simone saß nur da und wünschte sich, dass sie anderswo wäre, dass sie das alles nur beobachten würde, irgendwo, vielleicht im Fernsehen, in einem anderen Fenster, einem anderen Haus.
Die Krücke traf sie hart. Sie stürzte vom Stuhl, schloss die Augen und versuchte ihren Kopf zu schützen. Kauerte auf dem Boden. Zog sich zusammen. Noch ein-, zweimal traf die Krücke.
Simone fiel zurück in eine andere Zeit. In die Zeit, als sie ihn kennen gelernt hatte. Wie lieb er damals zu ihr gewesen war!
Durch ihre spastische Lähmung, an der sie seit ihrer Geburt litt, konnte sie sich nur mit Krücken vorwärtsbewegen. Ihre Füße waren nutzlos. Seit sie denken konnte, hänselte oder bemitleidete man sie deswegen.
Kein Mann hatte sich je für sie interessiert. Bis Harald in ihr Leben trat. Er war stets gut

gelaunt und freundlich, schien gar nicht zu bemerken, dass sie behindert war. Im Gegenteil, sie hatte das Gefühl, dass er richtig aufblühte, wenn er sich um sie kümmern konnte. Er war so aufmerksam und behandelte sie liebevoll. Sie fühlte sich wie eine Prinzessin.

Als er um ihre Hand anhielt, konnte sie ihr Glück kaum fassen. Die Hochzeit war ein Traum. Er hatte eine weiße Kutsche bestellt und trug sie bis vor den Altar. Ihre Eltern weinten vor Freude.

Schon vor der Hochzeit hatte Harald leichte Anzeichen von Aggressivität gezeigt, aber nie ihr gegenüber.

Das hatte sich jedoch schnell geändert.

Er hatte mittlerweile aufgehört, sie anzuschreien.

Saß jetzt auf dem Tisch. Simone sah, wie seine Beine hin und her baumelten. Sollte sie zu ihm hochschauen oder lieber noch nicht?

Ihr tat alles weh. Was sollte sie bloß tun?

Sie hatte einmal versucht, mit ihren Eltern über ihre Ehe zu reden, aber die hatten ihr nicht geglaubt. „Ach, Kind, du übertreibst

bestimmt. Harald ist doch so nett und immer so fürsorglich. Nein, das kann nicht sein."
Und ein anders Mal: „Hör sofort auf damit! Du hast schon als Kind gerne geschwindelt."
Als ihr Arzt sie neulich nach den blauen Flecken gefragt hatte, hatte sie nicht gewagt, sich ihm anzuvertrauen.
Denn was sollte sie ohne Harald machen? Wieder zu ihren Eltern zurückkehren oder in ein Heim für Behinderte gehen? Vor dem Alleinleben hatte sie Angst. Sie war abhängig von ihm und das wusste er, und außerdem schlug er sie ja nicht oft. Schließlich war es nicht einfach mit einer behinderten Frau. Das hatten auch ihre Eltern gesagt.
In den Urlaub könnte sie ohne ihn ebenfalls nicht mehr fahren. Harald reiste so gerne. Sie doch auch. Wo sie schon überall waren! In Australien, Amerika. Letztes Jahr in Rom. Ohne ihn wäre sie da nie hingekommen.
Ihn umzubringen wäre also auch keine Lösung. Ihn verlassen? Auf gar keinen Fall! Das würde er nicht zulassen. Sie war lebenslänglich an ihn gebunden. Das hatte er ihr mehrfach versichert. Er würde sie überall finden.

Harald rutschte vom Tisch und ging darum herum. Plötzlich trat er sie.
Simone schrie auf.
„Halt 's Maul! Ich kann dein Gewinsel nicht mehr hören."
Er packte sie an den Haaren und zog sie mit. Schleifte sie vom Esszimmer in die Küche. Dort ließ er sie liegen. Dann ging er ins Wohnzimmer und machte den Fernseher an. Sie hörte, wie er sich ein Glas Brandy einschüttete, dann noch eines. Er lachte über einen Witz, den ein Komiker machte. Ein schöner Fernsehabend. Ein richtig gemütlicher Fernsehabend. Dann hörte sie ihn nicht mehr. Wahrscheinlich war er eingeschlafen, so wie immer.
Simone kroch zu ihren Krücken, zog sich hoch und hinkte hinaus zum Schuppen.
Rechte Krücke, linker Fuß, linke Krücke, rechter Fuß.
Sie holte das Gift, ging in die Küche, stellte einen der umgeworfenen Stühle wieder auf und setzte sich. Dann schüttete sie das Gift in ein Glas. Sie schlich zu Harald, holte die Flasche Brandy und goss etwas davon ein.

Dann sah sie es an. Lange. Sehr lange und wusste: Mein Leben dauert zu lang.
Dann ging sie zum Telefon und sprach mit der Polizei.

Als die Beamten und der Krankenwagen eintrafen, war es zu spät. Das Gift, das der Ehemann seiner Frau gegeben hatte, hatte bereits gewirkt.

8. Sabine

Hier lest ihr meine biografische Geschichte. Sicherlich ein Grund für meine Sensibilisierung für Frauen und Kinder, die Opfer geworden sind.
Mit Sabine bin ich heute noch befreundet! Niemand hat mich damals gefragt, warum ich das gemacht habe. Ich habe es selbst erst viel später begriffen. Auch, wie es mich und mein Leben für immer verändert hat, im Positiven wie auch im Negativen. Ein Kind, das Gewalt und sexuellen Missbrauch, Vernachlässigung und Verlustängste erlitten hat, braucht doppelt so viel Energie wie andere Menschen, um sein Leben zu meistern. Immer wieder gibt es Rückschläge, Traumaspätfolgen und Kämpfe. Und immer ist man auf der Suche danach, sich zu verstehen und hofft, dass es andere auch tun.

Prinzessin oder Squaw

Ich habe sie gehasst. Nicht so richtig. Vielleicht auch eigentlich gar nicht. Sonst verstanden wir uns ganz gut. So wie wir uns alle gut verstanden, wir Kinder in unserer Straße. Wir spielten Cowboy und Indianer, Heiraten und Scheidung, wobei eine Gruppe von uns immer die beleidigte Verwandtschaft spielen musste. Ich weiß gar nicht, wer darauf gekommen ist, dass immer eine beleidigte Verwandtschaft da sein musste. Auch kannten wir keine Scheidungen. Nicht so wie die Kinder heute. Bei uns waren Scheidungen noch tabu. Wir hatten alle unsere Väter. Fast. Denn von Sabine und Heidi war der Vater gestorben. Die Mutter wohnte mit ihren fünf Töchtern allein in unserer Straße. Die anderen Schwestern waren schon etwas größer, fast schon Erwachsene, bestimmt schon 13 und 15 oder 16 Jahre. Wir hatten alle Mitleid mit den fünf. Aber noch öfter hänselten wir sie wegen ihrer alten Klamotten, die alle aufgetragen waren. Vor allem bei den Jüngsten. Sabine und Heidi durften auch nie die Braut sein oder die Prinzessinnen, die von den

Indianern entführt wurden. Im Höchstfall durften sie die Brautjungfern sein. Immer gehörten sie zur Auswahl der beleidigten Verwandtschaft. Ich war auch nicht oft die Braut. Das waren meist die Tornemanns. Die waren sogar sechs Geschwister. Sie waren alle stark und gemein. Wehe, wenn man nicht das tat, was die einem sagten. Dann gab es Senge. Meist, wenn man ihnen allein begegnete, denn die Tornemannschwestern gingen nie alleine raus. Sie hatten einen kleinen Bruder. Der war aller Tornemannschwestern-Liebling. Wenn er ein Eis wollte, und man kaufte ihm keins, dann erzählte er seinen Schwestern, man habe ihn grundlos geschubst. Den Rest kann man sich ja denken.

Irgendwann wollte ich nicht mehr Prinzessin sein, ich wollte Indianer sein, so wie Winnetou. Das hat keiner der Mädchen verstanden. Aber sie hatten nichts dagegen. Nur die Jungen fanden, das gehe entschieden zu weit. Ein Mädchen könne doch kein Indianer sein. Das gehe doch nicht. Ich könne, wenn ich wolle, eine Squaw sein. Die könne dann von den Cowboys entführt werden. Also: Prinzessin oder Squaw.

Ich entschied mich dazu, allein zu spielen. Ich wollte nicht verschleppt und entführt und womöglich in irgendeinen Keller gesperrt werden. Auf gar keinen Fall in einen Keller. Ich hatte auch keinen älteren Bruder oder eine Schwester zuhause, die mir helfen konnten. Die anderen fanden mich jetzt doof. Noch doofer als Sabine und Heidi. Das hieß schon was. Die Älteste der Tornemannschwestern drohte mir: Wenn ich dich alleine sehe, dann gibt es Kloppe.

Ich weiß gar nicht, was sie davon abhielt, mich sofort zu verhauen. Die andern hätten mir doch sowieso nicht geholfen.

So blieb ich zuhause und schlich mich auf dem Weg zur Schule durch alle Vorgärten, immer mit der Angst, dass sie mich allein fänden. Ich las jetzt sehr viel. Alle Bände von Karl May wollte ich lesen. Ich wollte Indianer sein und gut und gerecht und edel. Dabei hatte ich so eine Wut. Eine Wut auf alles und jeden. Auf meine Eltern, die nie da waren, auf meine Geschwister, die schon groß waren und alle woanders wohnten, auf Opa Heinermann, der mich regelmäßig in seinen Keller zog und mir Schokolade dafür gab, dass ich Sachen bei ihm tat, die ich nicht tun wollte. Auf alle Tornemannschwestern und ihren bescheuerten kleinen Bruder und auf meinen Onkel, der unter uns wohnte und sich aufregte, dass ich Gummitwist im Wohnzimmer spielte, aber nie mit mir in den Zoo oder ins Kino ging.

Aber irgendwann wurde es mir zu langweilig zuhause.

So bin ich dann raus. Mutig. Ich hatte gerade in einem Buch gelesen, dass sich Old Shatterhand tapfer seinen Gegnern entgegenstellte und keine Angst zeigte.
Das würde ich jetzt auch machen.
Ich ging hinaus, überquerte den großen Spielplatz vor unseren Häusern und trottete zur Straße. Dort entdeckte ich Sabine. Sie saß allein da und malte mit Straßenkreide große Häuser und Bäume.

„Hallo, Heike, hast du Lust, mit mir zu spielen?"

Ich freute mich. Gemeinsam gingen wir zurück in die Nähe unseres Hauses und malten in unsere Einfahrt Hinkelmuster auf. Ich ließ sie anfangen und setzte mich auf das Metallgeländer. Dann war ich dran. Dann wieder sie. Sie fing an zu schummeln. Ich hatte ganz genau gesehen, dass sie den Strich übertreten hatte. Aber sie leugnete es. Typisch. Sie war halt eine von den Hillebrandschwestern. Die waren alle so.

Ich war dran und passte auf, dass ich gerecht war. Ich übertrat den Strich und räumte sofort das Feld. Sabine, jetzt in der Gunst aller, ja höher angesetzt als ich, ging fast hoheitsvoll auf das Spielfeld und übertrat gleich beim zweiten Mal.

Sie überspielte es.

Tat so, als hätte sie nichts gemacht. Ich warnte sie. Sie lachte.

Dann weiß ich nichts mehr. Irgendwann drangen ihre Schreie zu mir. Wahrscheinlich schrie sie schon länger. Ich hatte sie nur

nicht gehört. Sie musste wohl auch versucht haben, mir zu entkommen. Denn wir waren ein gutes Stück weiter entfernt von unserer Einfahrt. Sie hatte es nicht geschafft zu entrinnen, denn ich saß auf ihr. Hielt ihre Haare in meinen Händen und kam in dem Moment, wo ihr Kopf gen Boden flog, wieder zu mir. Ich hörte ein Knirschen. Es waren ihre Zähne. Ich ließ los.
Sprang herunter. Sie blickte kurz zurück. Ich sah in ihr Gesicht: Entsetzen, vermischt mit Blut.
Ich habe sie gehasst.
Dafür, dass ich da war ...

9. Lisa

Diese Geschichte entstand, als die Bloody Marys für das Frauenhaus Dortmund gelesen haben. Ich hatte dem Frauenhaus vorher einen Besuch abgestattet und mit einigen Frauen, die sich dazu bereit erklärt hatten, sprechen dürfen.

Das Ende der Geschichte ist leider nur Wunschdenken 😉

Als Lisa wartete ...

„Ich haue dir einen in die Fresse. Mir reicht es!"

Seine Faust traf sie ins Gesicht. Sie hatte sie nicht kommen sehen, weil sie die Augen geschlossen hatte. Nur gespürt. Der Schmerz wurde sofort vom nächsten ersetzt. Ein Tritt in ihren Magen. Sie prallte gegen den Wohnzimmerschrank und stürzte zu Boden. Schnell legte sie schützend die Arme über ihren Kopf. Sie schmeckte Blut, es rann in ihre Augen. Der nächste Tritt folgte.

„Hör auf. Hör auf. Es tut mir leid. Ich werde es nie wieder machen. Glaube mir. Ich bin jetzt immer da, wenn du nach Hause kommst."

Seine Antwort: ein Tritt. Sie wich weiter zurück und duckte sich an die Seite des Schrankes. „Komm her, du Schlampe. Verkriech dich nicht. Ich bin noch nicht fertig mit dir."

Sie hörte dieses Geräusch. Ihr Magen verkrampfte sich. Dieses Geräusch. Der Gürtel. Nein. Nicht den Gürtel. Die alten Narben waren noch nicht verheilt. Würden wieder aufplatzen.

„Ich hau ab", schrie sie. „Ich gehe. Ich verlasse dich."

Er griff ihren Arm, zog sie vom Schrank weg, zerrte sie hoch und schleifte sie in den Flur.

„Du gehst nirgendswo hin. Eher bring ich dich um. Und das weißt du."

Wo wollte er mit ihr hin? Die Kellertür. Nein, nicht wieder in den Keller. Nein. Niemand würde sie da hören.

Er machte das Licht im Keller an. Durch ihre verklebten Augen sah sie den Türrahmen und den davorstehenden Schuhschrank. Die Schublade war ein Stück auf. Sie hielt sich fest.

„Lass los, du Hure."

Sie krampfte ihre Finger in das Holz, schrie um Hilfe. Vielleicht hörte sie ja wieder der Nachbar. Er hatte schon mal Hilfe geholt.

Ihr Mann zerrte an ihrem Körper, glitt aber diesmal an ihrem Nylonpullover ab und geriet ins Straucheln. Das war ihr Moment. Es war nur eine Sekunde, aber sie reagierte. Sie drehte sich um, hob ihr Bein und trat zu.

Er versuchte noch nach ihr zu greifen, aber sie ging schnell einen Schritt zurück. Da griff er ins Leere, verlor sein Gleichgewicht, kippte nach hinten und blickte sie im Fallen ganz erstaunt an. Dann ein Schrei, Krachen, Poltern, Splittern. Stille.
Sie lauschte. Hörte nichts. Rieb sich die Augen. Ging dann nach einer gefühlten Ewigkeit Stufe für Stufe hinunter. Blieb wieder stehen, lauschte. Nichts. Eine Stufe knarrte, und sie rannte vor Schreck wieder hoch. Rannte in die Küche, holte sich ein Messer und ging zurück. Die Treppen erneut – Schritt für Schritt – runter, bis sie ihn sah. Er lag am Ende der Treppe. Den Kopf – seltsam verdreht – noch auf der letzten Stufe. Er sah aus, als ob er schlafe.
Sie hatte Angst. Angst, dass er noch lebte.
Sie würde jetzt warten. Hier auf der Treppe. Warten, bis sie sicher sein konnte, dass er tot war. Wenn es sein musste, bis morgen Abend oder übermorgen oder nächste Woche. Sie hatte schon so lange gewartet.

10. Klaudia

Diese Geschichte entstand, als ich in meinem „alten" Leben als Versicherungskauffrau einer Frau begegnete, die in einem Zeugenschutz-Programm war.
Wir waren allein in einem Raum, und sie erzählte mir ihre Geschichte. Selbst ein Auto anmelden ist in dieser Situation enorm aufwändig.
Ich hoffe, es geht ihr gut.

Ich rieche sein Haar

Ich kuschele mich noch einmal an ihn.

Ich weiß, es ist bald Zeit zu gehen. Zur Tür hinaus auf die Straße, immer weiter bis zur U-Bahn und danach noch ein kurzes Stück zu Fuß, um meine Wohnung zu erreichen. Ich werde die Tür aufmachen, meine Jacke aufhängen, mich hinsetzen, vielleicht noch ein Glas Wein trinken. Ich werde die Wand anstarren und ihn vermissen, weil ich ihn nie wieder sehen werde.

Michael weiß es noch nicht. Er ahnt es nicht einmal. Ich sehe es ihm an. Seine Augen blicken glücklich in die meinen. Er liegt neben mir, reckt sich ein wenig und küsst meinen Hals.

Er glaubt zu wissen, wie ich mich fühle. Er spürt den Schauer, der durch meinen Körper geht, aber er belässt es dabei.

Er spielt mit mir, weil er denkt, ich bleibe heute Nacht hier oder komme morgen wieder, um das Spiel weiterzuspielen.

Ich rieche sein Haar und schließe die Augen. Versuche den Duft, seinen Duft, in Erinnerung zu behalten.

Er lächelt mich an. So sicher.
Dabei ist nichts sicher in meiner Welt, die nicht seine ist.
Michael wird nie erfahren, dass ich aus Liebe zu ihm gehen werde.
Ich bin gesehen worden. Gestern. Ich habe Franks Nähe sofort gespürt. Ein kurzes Aufstellen der Nackenhaare, das Bewusstsein, dass etwas nicht stimmt. Es war nur ein kurzer Augenblick, aber er hat mich sofort erkannt.
Er hat einen Moment gestutzt. Den Moment, der mir das Leben gerettet hat.
Die Tür der Straßenbahn ist zugegangen – und Frank hat noch draußen gestanden. Er hat mich angelächelt. Es ist ein kaltes, siegessicheres Lächeln gewesen.
Er hat sich gefreut. Frank hat mir mit seinem Blick: „Wo du auch bist, meine Liebe, ich finde dich."
Immer!
Er findet mich. Wenn ich leben will, darf das nicht passieren. Ich muss wieder verschwinden. In eine andere Stadt, mit einem neuen Beruf. Vielleicht einem neuen Michael.

„Alles in Ordnung mit dir, Klaudia?
„Alles in bester Ordnung, Michael", log ich.
Lügen konnte ich gut: „Wo kommen Sie her, Frau Kleinschmidt? Was haben Sie vorher gemacht? Nicht verheiratet, so? Keine Kinder? Mhm."
Nein, Kinder habe ich keine mehr. Sie leben jetzt bei einem anderen Ehepaar. Es sind nicht mehr meine Kinder. Es geht ihnen gut. Sie vermissen mich nicht. Ich gehe daran zugrunde, aber Hauptsache, sie sind sicher. Verheiratet bin ich nicht. Nein. Ich bin geschieden.
Ich komme aus einem kleinen lauschigen Ort in Ost-Westfalen. Meine Eltern leben noch dort und ein paar meiner alten Freunde. Manchmal sehe ich sie, heimlich, unter großen Vorsichtsmaßnahmen.
Warum bin ich nicht informiert worden, dass er frei gelassen wurde? Warum hat mir niemand etwas gesagt? Waren ganz erstaunt, als ich anrief und erzählte, dass ich ihn gesehen habe. Sie hatten mich vergessen. So, wie ich auch vergessen hatte, wer ich eigentlich bin.

Das Urteil auf Kindesmisshandlung, Totschlag und versuchtem Totschlag an der Ehefrau hatte „Lebenslang mit besonderer Schwere der Schuld“ geheißen. Er hätte mindestens zwanzig Jahre hinter Gitter gemusst. Vielleicht auch für immer.
Sieben Jahre waren erst vergangen. Seine Brüder und er hatten geschworen, mich umzubringen. Ich hatte ihn und alle anderen verraten und sein Alibi auffliegen lassen, als ich gehört hatte, worum es ging: Eine Frau war bei einem Überfall als Geisel genommen, vergewaltigt und anschließend getötet worden. Frank war es gewesen. Ich hatte es gewusst. Die Mosaiksteinchen hatten sich zusammengefügt: die im Hof verbrannte rote Hose und Jeansjacke, die Reinigung des Wagens, stundenlanges Duschen und anschließend die Bitte, ihm ein Alibi zu geben. Er habe Scheiße gebaut: einen Einbruch. Nicht der erste, den er zusammen mit seinen Brüdern verübt hatte. Aber meistens hatte er es mir nicht gesagt. Ich hatte es nur geahnt. Ich hatte ihm das Alibi versprochen, bis zu dem Augenblick des Erkennens.

Es hatte in den Zeitungen gestanden, Zeitpunkt, Uhrzeit, Bilder von ihr, die Kleidung. Ich hatte es ihm gesagt, und er ist auf mich losgegangen. Brutal. Er hatte mich bis zur Bewusstlosigkeit geschlagen, dann aber von mir abgelassen und war verschwunden.
Als ich zu mir gekommen war, hatte ich meine Kinder genommen, mich zur Polizei geschleppt und alles erzählt.
Sie hatten ihn in seiner Stammkneipe gefunden, er hatte gerade meinen Tod gefeiert.
„Bist du sicher, meine Liebe, dass alles in Ordnung ist?"
„Ja, Michael. Du, ich muss jetzt gehen. Ich liebe dich. Vergiss das nicht."
„Warum sollte ich das vergessen? Und wenn, dann sagst du es mir morgen noch mal. Okay?"
„Mach ich, ja. Bis morgen."
Ich rieche sein Haar. Ein letztes Mal.

11. Anka

Was passiert mit einem Kind, das vernachlässigt wird? Mutter, Vater und den Rest der Familie verliert? Die Verlustängste werden das Kind ein Leben lang begleiten. Persönlichkeitsstörungen sind vorprogrammiert.

Diese Geschichte ist für eine UndPunkt-Lesung entstanden. Die Autorinnengruppe UndPunkt war von 2000 bis 2010 in Dortmund schriftstellerisch tätig und hat fast 20 Themenlesungen veranstaltet. Diese Lesung, für die dieser Text entstanden ist, hieß: „Trips ins Ungewisse".

Was sie nicht wollte

Worüber hatte sie mit Claire gesprochen? Anka konnte es nicht mehr sagen.

Wenn alles immer einfach wäre. Früher, ja, früher hatte sie gedacht, dass alles einfach wäre. So bis zu ihrem sechsten Lebensjahr. Danach hatte sie nur noch gedacht: Später, wenn du älter bist, dann wird alles einfach. Dann bist du erwachsen, und das Leben fängt an. Dein Leben fängt an. Sie war eben noch ein Kind gewesen und hatte geträumt. Träumen tut sie immer noch. Mit offenen Augen und manchmal sogar im Auto.

So wie jetzt. Worüber hatte sie mit Claire gesprochen? War das denn wichtig?

Nein, entschied sie. Nein! Das hatte sie gelernt: Entscheidungen zu treffen. Beziehungsweise hatte sie gelernt, herauszufinden, was sie nicht wollte. Das war ein Anfang. Der Rest ergab sich.

Warum ist er auch nicht ans Handy gegangen? Zwei Stunden lang hatte sie es versucht. Aber er hatte es ausgeschaltet. Das machte er sonst nie.

Ob sie es schon wissen?

Sie fuhr auf eine Raststätte. Es war dunkel. Sie musste einen Moment Ruhe haben. Kurz die Augen schließen. Morgen ging es weiter. In ihr neues Leben.
Frankreich, Italien. Egal. Hauptsache neu. Alles würde sich finden. So wie es sich immer gefunden hatte.

Sie erwachte mit einem stechenden Schmerz in ihrer Schulter. Die schien wie ausgekugelt, ihre Füße spürte sie kaum noch. Einzig ihr Kopf war klar. Langsam quälte sie sich aus dem Wagen. Neben ihr stand ein rundlicher junger Mann, der einem rundlichen kleinen Kind Butterbrote in den Mund stopfte. Ihr wurde schlecht. Sie rannte zu den Toiletten. Das Gesicht im Spiegel kannte sie gut. Es war dieses „Was_nun_Anka?-Gesicht".
Seit vierzig Jahren kannte sie es.
Ihre Augen waren verquollen. Sie sah aus, als hätte sie die Nacht durchgezecht. Ein blondes Mädchen, vielleicht drei oder vier Jahre alt, sah sie mit zusammengekniffenen Augen an. Nicht unfreundlich. Eher interessiert. Anka ging in die Knie. Auf Augenhöhe

mit dem Kind streichelte sie ihm leicht übers Haar. Das Mädchen lächelte. Die Mutter kam aus der Toilette heraus und zog die Kleine von ihr weg.

Immer wurde ihr alles weggenommen.

Sie kämmte sich durchs Haar, wusch sich oberflächlich, richtete sich auf und blickte noch einmal in den Spiegel. Beruhigt erkannte sie das „Du_hast_alles_richtig_gemacht_Anka!-Gesicht".

Jetzt einen Kaffee, und weiter ging die schnelle Fahrt.

Die Sonne schien. Strahlte in ihr Auto. Anka lachte zurück. So frei. Sie schaltete das Radio an. Der vertraute Sender lag geografisch bereits hinter ihr.

Neue Landschaften zogen an ihr vorbei. Schnell, ganz schnell.

Einmal, gegen Mittag, machte sie wieder eine Pause. Ein glänzender Fluss schlängelte sich schon seit längerer Zeit nahe der Autobahn. Sie hielt an, zog ihre Kleider aus und sprang hinein. Schwamm hinüber bis zum anderen Ufer. Sie war eine gute

Schwimmerin. Einmal die Woche ging sie schwimmen. Gut für die Figur und die Kondition.
Worüber hatte sie mit Claire gesprochen? Verdammt, warum ließ sie das nicht los? Sie schwamm zum Ufer zurück und merkte, dass es ihr schwerer fiel als vorher. Erschöpft kam sie an und lehnte sich an das Auto. Dann weinte sie. Erst lautlos, doch dann, als ihr bewusst wurde, dass sie ganz alleine war, da weinte sie laut. Die Tränen rannen an ihr herunter. Vermischten sich mit den Tropfen des Flusswassers. Sie weinte und weinte für alles, um alles und vor allem um Bernd. Irgendwann kam sie zu sich. Hörte auf, zog sich an und fuhr weiter.
Sie blickte vorher nicht in den Spiegel. Sie hatte Angst davor, wusste ganz genau, welches Gesicht sie sehen würde: das „Es_ist_deine_Schuld_Anka! Alles_deine_Schuld!-Gesicht". Dieses Gesicht wollte sie nicht sehen.
Sie erkannte ein Ortsschild. Carnac. Ohne es zu merken, hatte sie die Bretagne angesteuert.

Hier hatte sie vor knapp zehn Jahren ihren ersten Urlaub mit Bernd verbracht. Einen traumhaften Urlaub. Sucht man nicht immer wieder die Plätze auf, an denen man einmal glücklich gewesen war? Nur, ist es nicht so, dass man erst viel später weiß, dass man genau zu diesem Zeitpunkt glücklich gewesen ist?

Sie hatte ihn auf einem Konzert kennen gelernt.

Pink Floyd in Köln. Sie hatte geweint bei „Wish you were here." Er hatte neben ihr gestanden und sie mit bösen Augen angefunkelt, sich gewünscht, sie möge doch endlich aufhören zu heulen. Aber dann, als er sie genau angesehen hatte, da wäre es um ihn geschehen gewesen. Später hatte er zu ihr gesagt: „Nun, Anka, brauchst du nie wieder zu weinen. Jetzt wird alles gut."

Aber wem konnte sie denn glauben? Sie hatte ihrer Mutter vertraut, die gesagt hatte: „Ich bleibe bei dir, mein Kind." Dann war sie doch gegangen.

Anka war allein geblieben mit ihrem Vater. Mit sechs Jahren. Dann kamen mehrere

Freundinnen des Vaters, die alle schnell wieder gegangen waren. Danach war auch ihr Vater gegangen. In die Kneipen. Dann war sie eine Zeit bei Oma und Opa geblieben, aber die hatten das nicht mehr geschafft. Danach war sie ins Heim gekommen.
Die Sonne senkte sich langsam auf die Wiesen nieder. Sie sah die ersten Steinreihen. Aus dem Radio ertönte Edith Piaf. Es lief: „La vie en Rose." Sie drehte das Radio lauter. Das Leben konnte doch so schön sein.
Sie hielt an und stieg aus. Ging bis zum Zaun. Das hatte sie damals schon machen wollen. Einmal über diesen Zaun steigen, der die Besucher von den Steinreihen trennt. Zwischen diesen rumlaufen, so wie es früher möglich gewesen war. Es war dunkel. Niemand war in der Nähe. Sie kletterte über den Zaun.
Hätte er doch abgenommen, wäre er doch ans Handy gegangen, sie hätte überhaupt keinen Verdacht geschöpft.
Anka ging zu einem großen Stein, berührte ihn. Er war noch warm von der Sonne. Sie lehnte sich an. Fühlte sich geborgen.

Bernd war auch lange warm geblieben. Langsam war das Blut aus ihm herausgelaufen. Sie hatte sich zu ihm gelegt. Nicht klug. Nein.

Bernd war auch nicht klug gewesen. Sie hatte in seiner Stammkneipe angerufen, aber dort war er nicht gewesen. Dann seinen Freund Dickie. Aber der hatte auch nichts gewusst. Dann noch mal Bernd. Aber sein Handy war immer noch ausgeschaltet. Aus lauter Langeweile hatte sie Claire angerufen. Ihr fiel einfach nicht mehr ein, über was sie mit Claire gesprochen hatte. Dann hatte sie es gehört. Ein Lachen. Sein Lachen. Bernds Lachen. Es stach aus Hunderten hervor. Es war tief und herzlich. Sie liebte dieses Lachen. Immer noch.

Wahrscheinlich hatte er ferngesehen, nicht gewusst, wer angerufen hatte. Sich wohl gefühlt. Claire hatte irgendwas von: „Ich muss jetzt Schluss machen. Hab noch was vor", gesagt.

Er war spät nach Hause gekommen. Hatte ihr erzählt, er sei in seiner Kneipe gewesen.

Sie hatte gewartet, bis er geschlafen hatte. Dann tief, ganz tief seinen Geruch eingesogen. Er hatte nach Dusche und ein wenig nach Qualm und Bier gerochen. Sie hatte das Kissen auf seine Brust gelegt und dann die Pistole genommen, die er für alle Fälle im Haus deponiert hatte. Er hatte ihr mal gezeigt, wie sie funktionierte. Es war ganz einfach.
Alles war einfach gewesen: Sie hatte entschieden, was sie nicht gewollt hatte: Niemand sollte ihr Bernd wegnehmen.
Dann, als er langsam kalt geworden war, war sie zu Claire gefahren, um es ihr zu sagen.
Claire hatte ihr nicht geglaubt. „Aber, Anka, nein", hatte sie gesagt. „Ihr feiert doch bald Zehnjähriges. Bernd wollte dich überraschen. Wir bereiten zusammen eine Party vor. Hier, hier sind alle Sachen, die Einladungen und so."
Anka war erst unschlüssig stehen geblieben. „Bernd hat einen tollen Film gedreht. Er wollte dich um deine Hand bitten, Anka. So glaub mir doch. Sag, dass das nicht wahr ist. Sag, dass du das nicht getan hast."

Aber Anka hatte die Pistole rausgeholt: „Alles Lüge. Du lügst doch nur."
Sie hatte die Pistole auf sie gerichtet und geschossen. Claire hatte sie ungläubig angeschaut, bevor sie getroffen zu Boden gefallen war. Selbst im Liegen hatte sie Anka noch angesehen. Das Blut war aus ihrer Brust herausgeschossen. Wie ein Pulsschlag. Claire hatte noch einmal abgedrückt. Damit diese Augen endlich erloschen. Dann war sie gegangen.
Anka spürte die Pistole in ihrer Tasche. Zwei Kugeln waren noch drin. Das sollte reichen.

12. Nicole

Sicherlich ist dieser Text amüsant. Aber der wahre Kern ist schnell erkennbar. Ich kenne so viele Frauen, die sich jahrelang nur nach ihrem Mann gerichtet haben: Was er will und wie er es will, ist das Einzige, was zählt.
Es sind Frauen, die leider nicht zu starken Frauen erzogen worden sind und vielleicht irgendwann einmal genug davon haben. Und es sind Männer, denen gesagt wurde, dass sie einer Frau immer zeigen müssen, wo es lang geht.

Alles passend!

Zufrieden sah sie sich um: Alles passte wunderbar zusammen und fügte sich gut ein in ihr kleines, weißes Zimmer.

Die rote Plastikvase mit der orangen Gerbera von Ikea war ein schöner Farbklecks in dem hellen Raum.

Sie sah in den verblassten Spiegel: Kämmen würde jetzt Wunder wirken, dachte sie.

Früher, ja, da hatte sie richtig gut ausgesehen. Aber das war schon lange her. Viel zu lange. Alles ist okay, alles nicht so schlimm. Du hast das mitgemacht, was bereits vielen Frauen vor dir passiert ist, was vielen Frauen gerade passiert und was vielen noch passieren wird, ohne dass sie es wissen oder nur ahnen, versuchte sie sich zu beruhigen.

Nein, jede ahnte etwas. Bei den wenigsten passierte es einfach nur so. Jedes Ende hat seine Geschichte. Kleinigkeiten, die sich anhäuften zu großen Türmen, die man nicht mehr herunterkam, weil ihnen die Treppen fehlten. Als Kind fragt man sich nicht, wie Rapunzel in den Turm gekommen war, aus

dem sie nun partout nicht wieder hinauskonnte. Als Erwachsene schon.
War man drin gefangen, half nur eins: Augen zu und ab hinunter. Wenn man Glück hatte, stand da unten ein neuer Prinz, und man landete weich.
Wenn man weniger Glück hatte, gab es einen schweren Aufprall mit Verletzungen, die kein Arzt so schnell heilen konnte. Es kam auch vor, dass man gar nicht ankam und aus der Wirklichkeit verschwand.
Sie war schwergefallen, kein Prinz hatte sie aufgefangen, niemand den Sturz gedämpft.
Sie drehte wieder an ihrer Ikea-Vase.
Er hatte den Einkauf bei Ikea immer gehasst: so groß, so viele Leute, diese langen Gänge, die schlechte Luft. „Du kaufst da immer so viele Dinge, die du gar nicht brauchst", hatte er immer geschimpft.
Dabei brauchte sie es jedes Mal, unbedingt! Genau in dem Moment, in dem sie es sah.
Diese tollen Farben – diese Harmonie, Tisch passend zum Teppich – Gardinen zum Sofa – Besteck passend zum Geschirr. Tischdecke passend zu den Haaren.

Er hatte kein Verständnis dafür gehabt. Und sie kein Verständnis dafür, dass er es nicht hatte.
Ständig hatte er gemeckert: „Alles steht hier voll. Nur so ein unnützer Scheißkram."
Sie war nur noch allein zu Ikea gegangen, hatte das himmlische Gefühl genossen, in jeder Abteilung herumzustöbern, so lange sie wollte und hatte ihn nur noch mitgenommen, wenn es etwas Schweres zu tragen gab.
Sie dachte an ihren letzten Einkauf ohne ihn und lächelte.
Wieder zurück hatte sie ihm begeistert die vier orangefarbenen Tischsets gezeigt. Auf der rechten Seite hatte sich eine kleine Tasche je für Messer und Gabel befunden.
„Sieh doch, Karl-Georg, wie praktisch die sind. Sie passen so gut zu den Gardinen in der Küche. Die anderen waren doch schon alt und haben dir sowieso nie gefallen."
„Die anderen ...", er hatte dabei tief Luft geholt „... die anderen waren kein Jahr alt. Und diese gefallen mir genauso wenig. Sie sind hässlich, hässlich, hässlich. So wie du!"

Ehe Nicole hatte reagieren können, hatte er ihr die Sets aus der Hand gerissen, war zum Balkon gerannt und hatte sie in hohem Bogen hinaus in den Garten geworfen.
Nicole hatte ihm hinterher gesehen, unfähig etwas zu sagen. Sie folgte ihm und sah noch, wie der Hund der Nachbarin bereits auf den orangefarbenen Tischsets herumtrampelte. Draußen war es matschig und die leuchtende orangene Farbe verschwand zusehends.
Doch Nicoles Gesicht hatte wieder Farbe angenommen.
Sie hatte die Parallele direkt vor Augen: Die Tischsets, auf denen herumgetrampelt wurde. Genau wie auf ihr. Das war sie, die da lag. Und Karl-Georg trampelte auf ihr herum. Er ignorierte sie und das, was sie wollte.
All ihre Wut hatte sich nun auf ihn gerichtet. Sie war ein paar Schritte zurück gerannt, hatte Anlauf genommen und war mit den Armen voran auf ihn zugelaufen.
Er hatte sie amüsiert angelächtet, aber nicht lange. Im Fallen stieß er einen langen schrillen Schrei aus. Sie sah vom Balkon aus

hinunter und dachte: Gut sieht er aus zwischen den orangenen Tischsets. Das blassgelbe Hemd passt farblich einwandfrei.

Sie drehte wieder an der Vase, stand auf und schaute zu der verschlossenen Tür.
Nur noch drei Jahre im Knast, dann konnte sie endlich ihre neue Wohnung komplett mit Billy und Co. einrichten!
Welch ein unbeschreibliches Glück ...

13. Barbara

Diese Geschichte ist inspiriert durch ein Paar, dass ich kennengelernt habe. Sie hat auch hie und da biografische Züge. Wie oft erleben wir, dass Frauen schlecht behandelt werden und trotzdem nicht gehen, wegen vermeintlicher Abhängigkeiten, der großen Liebe und/oder Angst vor dem Alleinsein, oder wegen der Kinder. Ein Mann lässt in der Regel häufiger seine schlechte Laune und seine Unzufriedenheit an einer Frau aus. Das ist psychische Gewalt, die die Frau klein macht und ihr das Selbstvertrauen nimmt.
„Solche Frauen gibt es auch", wird der ein oder andere Mann jetzt sagen. Ja, sicherlich, aber prozentual gesehen ist es das weibliche Geschlecht, das am häufigsten drangsaliert wird.

Es gibt immer eine Lösung

„Weil du geklüngelt hast, sind wir jetzt spät dran."

„Ich habe nicht geklüngelt. Du bist noch mal durch die ganze Wohnung gerannt und hast nachgeschaut, ob auch wirklich ALLES aus ist."

„Ja, weil du immer ALLES vergisst."

Barbara sagte nichts mehr. Es würde nur zu mehr Streit führen. Sven schubste sie unsanft vorwärts.

„Hör auf damit! Ich kann nicht weiter. Vor mir steht jemand. Bist du blind? Dadurch kommen wir auch nicht schneller in den Flieger."

„Ich bin froh, dass wir ihn überhaupt mitbekommen", grummelte Sven.

„Ich muss eben zur Toilette, Svenni. Schiebst du bitte meinen Koffer weiter?" Barbara versuchte ruhig und nett zu klingen und hoffte, dass seine schlechte Laune bald verfliegen würde. Aber bis dahin war es wohl noch ein langer Weg. So lang wie die Schlange am Flugzeugschalter vor ihnen.

„Nenn mich nicht Svenni! Deinen schweren Koffer kannst du selber weiterschieben. Zwei Wochen Malle, und du hast gepackt wie für acht Wochen Sibirien. Immer das Gleiche mit dir.“ Er verdrehte seine Augen.
„Ist doch schön, wenn sich die Frauen jeden Tag chic anziehen können. Unsere besseren Hälften legen Wert auf sich, und dafür lieben wir sie doch.“ Dabei blickte der Mann hinter ihr Lob erwartend seine Begleiterin an. Aber diese tat ihm den Gefallen nicht.
Dafür erledigte das Barbara mit einem strahlenden Lächeln in seine Richtung. Sie fand es wirklich liebenswürdig, dass dieser Mann unerwartet für sie eingesprungen war. Sie schaute ihn sich genauer an: nicht ihr Typ. Ein bisschen zu ungepflegt für ihren Geschmack und dürr.
„Ich kümmere mich gerne um Ihren Koffer“, bot er freundlich an.
„Nein, das ist nicht nötig! Kümmern Sie sich gefälligst um Ihren eigenen Scheiß“, fauchte Sven ihn an. Gleichzeitig schob er Barbaras Koffer seinem Vordermann in die Hacken.

„Können Sie nicht aufpassen?", brüllte dieser Sven an.
Die Begleitung des Hintermannes schrie: „Machen Sie meinen Mann nicht so an, er wollte nur freundlich sein."
Boden, tue dich auf und lass mich verschwinden, dachte Barbara.
Sie verließ schnell den Aktionsradius ihres Mannes und hielt Ausschau nach der Toilette. Noch nicht gestartet, und es gab schon Ärger mit drei Mitreisenden. Nach ihrer Rückkehr stand Sven weiter vorne.
„Hier hast du deinen großen Koffer wieder. Glaub ja nicht, dass ich den weiterschleppe."
„Brauchst du auch nicht, ich kann ihn ja schließlich ziehen, dafür hab ich mir extra einen mit Rollen gekauft."
„Ja, ja, und hinterher bin ich sowieso wieder für alles zuständig."
Barbara verstand es nicht. Was sie auch tat, was sie auch sagte, stets gab es Ärger. Dabei liebte sie Sven, und er liebte sie. Das sagte er zumindest regelmäßig. Sicherlich, er hatte es nicht leicht. Ständig der Ärger auf der

Arbeit, Ärger mit der Ex wegen seiner Kinder. Sie wusste, sie war sein Ventil. Meistens kam sie damit klar. Bestimmt würde er in den Ferien ruhiger und freundlicher werden. Hoffte sie.
Endlich kamen sie an die Reihe, erhielten einen Fensterplatz, denn natürlich Sven einnahm, und es ging ab in den Urlaub nach Mallorca. Barbara nahm sich vor, von nun an ganz ruhig zu bleiben und alles an sich abprallen zu lassen. Sie freute sich auf das Meer, auf die Sonne, den Strand, die spanische Mentalität, auf Ruhe und Kultur.
Das Ehepaar, das am Abfertigungsschalter hinter ihnen gestanden hatte, saß in der Mittelreihe neben ihnen. Erst nahm die Frau Platz, dann er. Doch bevor er sich setzte, half der Mann Barbara noch, ihr Handgepäck im Gepäckfach zu verstauen, während Sven schon längst auf seinen Hinterbacken saß.
„Wo geht's denn bei Ihnen hin? Welches Hotel haben Sie gebucht?", suchte ihr freundlicher Helfer das Gespräch.

„Wir sind in Banyalbufar in der Nähe von Valldemossa. Dort soll es ganz hinreißend sein."
„Welch ein Zufall, das gibt es doch nicht. Dort sind wir auch. Wir sind im Hotel ‚Mar i Vent'. Ich wollte unbedingt in der Nähe von Valldemossa sein, weil Chopin dort öfter residiert hat. Ich spiele nämlich leidenschaftlich gern Klavier."
„Ich wollte dahin, weil ich ‚Ein Winter auf Mallorca' von George Sand gelesen habe. Die beiden waren ja zusammen dort. Ihr seid auch im ‚Mar i Vent'? Sven, hast du das gehört? Die beiden sind im selben Hotel wie wir!"
„Das ist ja reizend."
Ein Kommunikationspsychologe würde diese Aussage inkongruent, also unpassend, nennen.
„Ja, ja, George Sand und Chopin. Eine uneheliche Liebschaft, das fanden die Spanier damals gar nicht gut. Ich heiße übrigens Daniel." Er reichte Barbara die Hand. Barbara wollte seiner Frau ebenfalls die Hand geben, aber diese verdrehte die

Augen und setzte anschließend ihre Maske auf. Ein Blick zu Sven zeigte ihr, dass dieser ebenfalls die Augen geschlossen hatte. So viel zum Fensterplatz. Aber sie regte sich nicht auf. Nein. Sie ließ sich nicht mehr aus der Ruhe bringen.

„Ich heiße Barbara", wandte sie sich wieder Daniel zu. Sie schenkte ihm ein weiteres Lächeln.

Anschließend unterhielten sie beide sich leise weiter, um die anderen nicht zu stören. Sie sprachen über den bevorstehenden Urlaub, die Schönheit der Insel und was sie sich alles anschauen wollten.

„Ich muss unbedingt die Kathedrale besichtigen! Ich liebe Kirchen. Diese soll ein Prachtstück sein. Hast du ‚Die Säulen der Erde gelesen', Barbara?"

„Na logisch. Seitdem faszinieren mich die alten Bauten noch mehr. Ich sehe sie mit ganz anderen Augen. Die schönste, die ich bisher besichtigt habe, war Westminster Abbey."

„Auf Malle kannst du schön allein in deine Kirchen gehen. Ich flieg schließlich nicht dahin, um mir irgendwelche ollen Kapellen anzusehen.“

„Sven! Schön, dass du an unserem Gespräch teilnimmst und gleich wieder gute Laune verbreitest.“

„Für dich gilt das Gleiche“, murrte in diesem Moment Daniels Frau. „In Kirchen bekommst du mich nicht, mein Lieber!“

Sie lüpfte die Augenmaske und schielte ihren Mann mit einem Auge an.

Barbara dachte an ihren guten Vorsatz und ließ sich nicht aus der Ruhe bringen: „Guten Tag, mein Name ist Barbara Hügel.“ Sie stand auf und reichte Daniels zickiger Frau die Hand.

„Greta Steinbeck“, brummte diese.

Barbara nahm Platz und blickte Daniel fragend an. Dieser hob verlegen die Schultern.

Der Rest des Fluges verlief ruhig. „Die Saftschubser“, wie Sven sie nannte, brachten ein kleines Sandwich und Getränke. Danach schlossen Sven und Greta wieder die Augen.

Barbara las in ihrem Reiseführer, flüsterte zwischendurch mit Daniel und zeigte ihm ihre Wunschausflugsziele.

Auf Mallorca erwartete sie ein warmer Wind, blauer Himmel, der von keinem Wölkchen gestört wurde und herrliche Sommertemperaturen. Barbara schätzte sie auf 25 Grad, dabei war es erst zehn Uhr. In Deutschland dagegen herrschte der schlechteste Sommer seit Jahren. Dauerregen und Aprilwetter seit Anfang März. Deswegen hatte sie auf Sonnengarantie bestanden und sich für Mallorcas Küsten entschieden.

Sven war erst nach einigem Zögern und ein paar Tagen Bedenkzeit einverstanden gewesen. Malle war für ihn immer noch die „Putzfraueninsel" und, obwohl er gerne selbst tief ins Glas schaute, war „Ballermann 6" reichlich unter seinem Niveau.

Ein Shuttleservice brachte sie in das Hotel. Es war wirklich so traumhaft wie in dem Prospekt beschrieben. Es gab einen Pool mit Blick aufs Meer, unzählige Palmen und einen langen Sandstrand.

„Und das viereinhalb Stunden von der heimischen Wohnung entfernt. Einfach paradiesisch." Barbaras Augen glänzten.
„Ich gehe gleich zum Pool", verkündete Sven. Ehe sie sich versah, hatte er eine Badehose angezogen und stand an der Tür.
Auf ihren Lippen war ein verärgertes: „Äh, hätten wir das nicht absprechen können, ich würde viel lieber ..."
Sie dachte an ihre guten Vorsätze und schwieg lieber.
„Ja, mein Schatz. Viel Spaß!"
„Kommst du nicht mit?"
Sie legte ihr neues Urlaubsschönwetterlächeln auf: „Später. Genieß du ruhig den Pool."
Barbara packte ihren Koffer aus.
Danach blickte sie sich zufrieden in dem geräumigen und modern eingerichteten Zimmer um. Sie stellte ihre Hygieneartikel ins Bad, duschte und zog ihr blaues Sommerkleid an.
Ihr Magen knurrte schon wieder, der kleine Snack im Flieger hatte nicht lange angehalten. Sie hatten einen All Inclusive

Urlaub gebucht, also machte sie sich auf die Suche nach Sven und dem Speisesaal.
Am Pool saß Sven zusammen mit Greta an der Bar. Oje. Bitte nicht schon so früh Alkohol, dachte sie. Wenn er zu viel trank, wurde er schnell unangenehm. Sie suchte nach Daniel, fand ihn aber nirgends.
Greta winkte ihr freundlich zu, als wären sie alte Freundinnen. Das vor ihr stehende Sektglas schien für tadellose Laune gesorgt zu haben.
„Gleich gibt's Mittag, Sven. Wollen wir reingehen?"
„Ist ja klar, dass du wieder nur ans Essen denkst."
Sie fühlte sich von einer Sekunde zur anderen in ein Eiskühlfach gestellt.
Greta mit ihren mindestens 15 Kilo weniger lächelte auch noch süffisant. Ihr Urlaubsvorsatz geriet ins Wanken. Warum verletzte er sie nur ständig und dies vor aller Augen und Ohren?
„Tut mir leid, Schatz", ruderte Sven da zurück. „Ich habe ebenfalls Hunger. Komm, lass uns reingehen."

Sie ließen Greta allein und gingen in den Speisesaal. Doch Barbara war der Hunger gründlich vergangen. Sie nahm sich lediglich hier ein wenig Salat und da ein bisschen Fisch. Den Nachtisch rührte sie gar nicht an.
„Boah, jetzt muss ich unbedingt schlafen. Die Gurkerei, drei Bier am Pool und das Essen. Ich lege mich hin. Kommst du mit, Engel? Vielleicht können wir ja später auch das Bett noch gemeinsam ausprobieren?"
Sie liebte Sex am frühen Nachmittag, aber nach diesem Start in den Urlaub, war ihr nach Alleinsein zumute.
„Nein, ich muss was vom Land sehen, sonst werde ich ganz verrückt. Ich will ans Meer. Schlaf du ruhig. Wir sehen uns später."

Sie verließ den Speisesaal, ohne auf seine Reaktion zu warten. Ein Weg führte am Pool vorbei direkt ans Meer. Sie entschied sich, links entlangzugehen.
Die Sonne wärmte ihre Haut, der Wind wehte durch ihre Kleidung, der Duft des Meeres ließ sie noch tiefer einatmen. Sie zog ihre Sandalen aus, nahm sie in die Hand und

stolzierte über den sandigen Strand, als wäre sie eine Königstochter. Sie kam langsam an, fühlte sich allmählich wohl. Alles würde gut werden.

„Dir scheint es ja richtig gut zu gehen!"

„Hi, Daniel."

Daniel hatte sich geduscht, wie sie an seinen noch feuchten Haaren erkennen konnte, rasiert und umgezogen. Er sah gleich ganz anders aus.

„Störe ich?"

„Nein, Sven schläft und ich, ich wollte unbedingt die Umgebung erkunden. Ich bin immer neugierig, wenn ich irgendwo bin, wo ich vorher noch nie war."

„Wie bei mir. Greta liegt mit einem Cocktail am Pool. Das ist ihre Vorstellung von Urlaub."

Anschließend gingen beide schweigend nebeneinander den Strand entlang.

Irgendwie war Barbara ein wenig enttäuscht. Eigentlich sollte Sven bei ihr sein und nicht diese zufällige Urlaubsbekanntschaft.

Nun galt es, das Beste aus der Situation zu machen, und Daniel war ein witziger Gesprächspartner. Ständig musste sie wie blöd kichern. Die Zeit verging wie bei einem spannenden Fernsehfilm.
Als sie zurückkamen, war es schon fast fünf Uhr nachmittags. Sven saß wieder an der Bar und sah sie vorwurfsvoll an.
„Ach, gibst du mir heute noch die Ehre?"
Barbara musste zugeben: Ein wenig nagte das schlechte Gewissen an ihr. Aber schließlich hatte er schon mittags Bier getrunken und war eingeschlafen.
Ihr fiel nichts ein, was sie darauf sagen könnte. Der Nachmittag mit Daniel war lustig und unbeschwert gewesen, und sie wollte sich diese Leichtigkeit nicht nehmen lassen.
„Komm, Sven, reg dich nicht auf. Heute ist der erste Tag. Morgen können wir gemeinsam was unternehmen."
Mit einem Blick zum wartenden Barkeeper meinte sie: „Ich nehme ein Bier, bitte, äh ... una Cerveza, por favor."
„Gerne, Export oder Pils?", fragte der spanische Kellner in astreinem Deutsch.

Am anderen Morgen, den Abend hatten sie mit einer Rotweinflasche und versöhnlicher Laune am Strand verbracht, machten sie ihren geplanten Ausflug.
Es ging nach Estellencs. Sven wollte sogar mitwandern. Doch kurz bevor es losging, schoss er schnell noch einen seiner Giftpfeile ab: „Die Bewegung kann DIR ja nicht schaden."
Sie wandte sich abrupt ab, damit er ihr mit den Tränen kämpfendes Gesicht nicht sehen konnte, setzte sich ans Steuer ihres Leihwagens, ließ ihn einsteigen und brauste mit quietschenden Reifen los.
Anschließend stapfte sie wütend vor ihm her. Er hielt kaum ihr Tempo mit. Sie fragte sich unentwegt, was sie tun sollte. Das konnte nicht mehr so weiter gehen.
Sie hatten beide schon öfter über eine Trennung nachgedacht, es letztendlich aber wieder verworfen, da sie sich doch liebten. Barbara zweifelte langsam an dieser Liebe. Was war das für eine Liebe, in der der eine Partner ständig verletzt wurde? Manchmal beschlich sie das Gefühl, dass es für Sven

einfach bequem war, mit ihr zusammen zu sein.
Sie verdiente mehr Geld, sie kümmerte sich um alles, sie regelte alles. Er brauchte sich um nichts zu sorgen. Na ja, den Müll brachte er raus. Ab und an machte er die Wäsche oder reparierte ihr Fahrrad. Alles andere im Haushalt sowie sämtlicher Schriftkram blieben an ihr hängen.
„Wofür hab ich denn eine Chefsekretärin", sagte er stets mit seinem charmanten Lächeln.

„Nun warte, mein Engel, ich hab das nicht böse gemeint", rief er, mittlerweile keuchend.
„Ach, wie hast du es denn gemeint?"
Sie stritten schon wieder!
All ihre Vorsätze, ruhig zu bleiben, stürmten davon wie ein Schwarm aufgescheuchter Fische.

Im Hotel ging sie unverzüglich an die Poolbar und bestellte sich ein Glas Rotwein. Greta lag am Pool in einem viel zu knappen Bikini.

Sven ging direkt zu ihr ans Wasser.
In dem Moment bog Daniel um die Ecke. Er trug Wanderschuhe wie sie und lächelte zufrieden. Er blieb kurz bei Greta und Sven, dann entdeckte er Barbara und kam zu ihr.
„Ein großes, eiskaltes Pils, bitte", sagte er zum Kellner.
Dann bemerkte er Barbaras schlechte Laune.
„Was ist los mit dir? Strahlend blauer Himmel, das beste Wanderwetter, und du schaust aus der Wäsche wie bei Dauerregen inner Großstadt."
Barbara überlegte, ob sie Daniel von ihren Problemen erzählen konnte. Sie kannte ihn nicht, würde ihn allerdings nie wieder sehen. Mit irgendjemand musste sie reden, sonst würde sie bald platzen.
Platzen, das hielt ihr Sven ebenfalls ständig vor. Dass sie bald platzen würde, wenn sie weiterhin so zunahm. Seit sie die 40 überschritten hatte, kamen die Probleme mit dem Gewicht. Alle Diäten halfen gar nichts. Für Sport war einfach keine Zeit. Apropos Zeit.

„Hast du Zeit? Das ist eine lange Geschichte."
„Klar, wir haben Urlaub, ich hab alle Zeit der Welt. Wollen wir in den ‚Blühenden Terrassen' spazieren gehen? Die sind ganz in der Nähe und sollen traumhaft sein."

Nach dem Getränk meldete Daniel sie bei ihren Lebenspartnern ab. Sie gingen gemeinsam mit einer Karte der Umgebung in der Hand auf die Suche nach der Sehenswürdigkeit.
Gelöst von dem Wein und der Gewissheit, diesen Menschen nie wiederzusehen, erzählte sie Daniel alles, was sie bedrückte. So, als wäre er ihr persönlicher Beichtvater. Sie berichtete von den Anfängen mit Sven, davon, wie schwer es gewesen war. Sven war noch verheiratet gewesen, als sie sich kennengelernt hatten. Sie waren beide extrem verliebt gewesen. Sie wusste gar nicht, wann es angefangen hatte, sich zu verändern. Es gab keinen Zeitpunkt, keine Situation, an der man es festmachen konnte. Sie erzählte ihm, dass sie bis heute nicht

verstand, warum Sven ständig auf ihr herumhackte. „Vielleicht macht er mich unbewusst für den Verlust seiner Familie verantwortlich. Aber er war damals derjenige gewesen, der um mich gekämpft hat, während ich ihn ständig weggeschickt habe. Irgendwann hab ich es aufgegeben und ja gesagt. Aber ich glaube, das war ein Fehler. Wir passen einfach nicht zusammen."
Daniel hörte ihr aufmerksam zu, fragte nach, versuchte zu verstehen und sich hineinzuversetzen in diese fremde Beziehung. Sie nahm kein Blatt vor den Mund. Am Ende weinte sie. Er nahm ihre Hand, drückte sie fest, trotzdem zärtlich und erzählte selbst von seiner Ehe mit Greta. Dass er ebenfalls das Gefühl hatte, nicht mit der richtigen Person zusammen zu sein. „Sie behandelt mich wie ihren Lakaien. Mach hier, mach da, geh dahin und hole mir das – und wehe, wenn ich nicht schnell genug reagiere! Außerdem glaube ich, dass sie einen Liebhaber hat. Eine Scheidung kommt nicht infrage, das wäre mein Ruin. Mein Vater, der extrem konservativ ist, würde mich

enterben. Das kann ich mir beim besten Willen nicht erlauben. Meine Firma läuft im Moment mäßig. Er unterstützt mich hie und da, wenn es eng wird. Glaube mir, ich verabscheue Greta mittlerweile, aber weiß beim besten Willen nicht, wie ich dieses Leben ändern soll. Weißt du was, lass uns nun den Urlaub genießen. Wir können hier und heute nichts ändern. Später ist Disko am Pool. Wir beide lassen es uns richtig gut gehen, was meinst du?"

Vergnügt gingen sie zurück zum Hotel und auf ihre Zimmer.

Sven und Greta hatten auf einem Zettel die Nachricht hinterlegt, dass sie ins Dorf gegangen seien und erst spät wiederkämen. Weder Daniel noch Barbara vermissten sie. Sie aßen gemeinsam zu Abend und gingen im Anschluss direkt zur Party am Pool. Der Himmel war sternenüberzogen, die Luft klar, trotzdem warm und angenehm.

Barbara tanzte gerne und gut. Sie hatte seit langer Zeit wieder das Gefühl, glücklich und unbeschwert zu sein. Daniel und sie kamen sich näher. Gefährlich nah.

Allerdings machte das Spiel mit dem Feuer auch Spaß.
Es war spät, als Barbara ins Hotelzimmer kam. Sven war immer noch nicht zurück. Ihr war das recht.
Sie dachte nun ernsthaft über eine Trennung nach, obwohl diese für sie problematisch sei. Die Eigentumswohnung hatten sie in ihrer Verliebtheit auf beide Namen gekauft. Sie liebte diese Wohnung und würde sie ungerne hergeben. Wie stand sie da vor den Freunden und Nachbarn in ihrem Dorf? Es wurde schon genug über sie gelästert. Eine weitere gescheiterte Beziehung würde es nicht besser machen.
Nein. Sie musste eine andere Lösung finden. Vielleicht würden sie ja noch zusammenfinden. Vielleicht sollten sie eine Paarberatung machen. Genau. Das würde sie ihm morgen vorschlagen.
Sie hörte Sven nicht ins Zimmer kommen, aber am anderen Morgen kuschelte er sich bei ihr an, schaffte es, sie zum Sex zu überreden und ging anschließend ohne einen Kuss, ohne sonstige Liebkosungen ins Bad.

Barbara konnte sich nicht helfen, sie fühlte sich missbraucht. Sven allerdings pfiff ein fröhliches Lied im Badezimmer.

Heute ging es nach Palma. Darauf freute sie sich schon seit ihrem Abflug. Sven fuhr den Leihwagen, und sie genoss die Fahrt.
Die Stadt war riesig, voller Menschen, es war laut, Autos hupten. Sie fanden einen Parkplatz unweit der Kathedrale und ließen sich treiben.
Barbara war begeistert. Blieb überall stehen, machte Fotos, genoss die urbane Atmosphäre und die gleichzeitige Stille in mancher kleinen Gasse. Sie verstand sich gut mit Sven und schöpfte neue Hoffnung.
Sie erblickt ein Geschäft mit mallorquinischen Töpferarbeiten und entdeckt eine Reihe Siurells. Von diesen weißen Tonfiguren hatte sie in ihrem Reiseführer gelesen. Sie wählte einen Mann auf einem Pferd. Die Figur war rot und grün bemalt. Es handelte sich um eine Hirtenpfeife mit einer ganz besonderen Bedeutung: Der, der sie verschenkte, erhoffte sich, dass die Person,

die es bekam, darauf flötete. Das war ein gutes Zeichen für die Beziehung und zeigte, ob er oder sie den Beschenkten liebte.
Sie kaufte die Figur und freute sich schon auf Svens Reaktion.
Er wartete bereits draußen und wippte ungeduldig von einem auf das andere Bein. Sie überreichte ihm gespannt das spanische „Orakel".
Sven holte keine Luft, bevor er losschrie: „Was soll ich mit dem Mist? Blöder unnützer Scheißkram. Das sieht dir wieder ähnlich. Du kaufst wieder irgendwelchen Plunder, der lediglich in der Ecke rumfliegt. Als ob wir zuhause nicht schon genug Schrott in den Schränken hätten."
Im Anschluss daran flog die Pfeife im hohen Bogen in die Gasse.
Dann machte er auf dem Absatz kehrt und schritt wütend in die Richtung, die sie vorher eingeschlagen gehabt hatten.
Barbara fühlte sich gerade wie von Hulk an die Mauer geschmissen. Aber es kam kein Supermann und kratzte sie ab. Sie sah Sven um die Ecke verschwinden und machte das

Einzige, zu dem sie noch fähig war: Sie stapfte in die andere Richtung.
Barbara lief wie paralysiert durch die Gassen Palmas. Ihr Handy klingelte ohne Unterlass, aber sie wollte Sven weder sehen noch hören.
Plötzlich entdeckte sie ihn in einer Einkaufsstraße keine zehn Meter vor sich. Sie versteckt sich hinter einem Verkaufsständer mit blumigen Frauenkleidern.
„Na, spielt ihr Räuber und Gendarm, oder warum versteckst du dich hier vor Sven?"
Daniel stand neben ihr. Sie zog ihn ruckartig zu sich herunter. Er saß vor ihr, Gesicht zu Gesicht, sah sie erstaunt an. Sie konnte nicht anders, sie küsste ihn. Daniel nahm ihr Gesicht in beide Hände und erwiderte den Kuss voller Zärtlichkeit.
„Ich muss mit dir reden, Daniel. Ich hab da eine Idee."

Zwei Tage später fuhren alle vier mit einem gemieteten Motorboot aufs Meer. Sven und Greta liebten das Tauchen. Sie fuhren erst an

der Westküste vorbei und anschließend Richtung afrikanisches Festland.
Weit und breit war niemand zu sehen. Es war einfach wunderbar.
Greta und Sven warfen sich in ihre Tauchausrüstungen und gingen gemeinsam ins Wasser. Barbara und Daniel gaben an, sich lieber sonnen zu wollen und vielleicht später schwimmen zu gehen.
Kaum, dass die beiden untergetaucht waren, startete Daniel den Motor. Barbara öffnete die Sektflasche.
„Tschüss, Sven.“
„Tschüss, Greta.“
Nachdem sie einen kräftigen Schluck genommen hatten, fuhren sie los. Alles war gut geplant. Daniel war mit Greta als erste an Bord gegangen, eine Stunde später waren ihnen Sven und Barbara gefolgt, in der Hoffnung, dass eventuelle Zeugen lediglich ein Pärchen hatten an Bord gehen sehen.
Nun fuhren sie mit dem Boot in eine kleine Bucht abseits des Tourismus, gingen von Bord, zogen ihre Wanderklamotten an und hielten gemeinsam in fast jedem Café und in

jeder Kneipe an, die sie passierten, damit sie ein gutes Alibi vorweisen konnten.
Als sie spät abends im Hotel ankamen, gingen sie in ihre Hotelzimmer, duschten und begannen danach, wie zufällig, gemeinsam, ihre jeweiligen Ehepartner zu suchen, die heute zusammen zum Tauchen gefahren waren, während sie beide lieber wandern gewesen waren.
Irgendwann in der Nacht wurde die Polizei informiert. Das Boot wurde zwei Tage später entdeckt, von den beiden Tauchern war weit und breit nichts zu sehen. Es sollte gefährliche Unterströmungen hier geben.

Als trauernde Witwe zurückzukehren stand ihr gut. Jeder im Dorf würde sie bedauern und später sicherlich Verständnis dafür aufbringen, dass sie zu ihrem Leidensgenossen eine Beziehung aufgebaut hatte.
Daniels Vater würde den armen Spross, der seine Frau auf solch tragische Weise verloren hatte, sicherlich jederzeit unterstützen.

Daniel war Mittäter und Mitwisser. Sie hoffte, er würde sich vernünftig verhalten und wenn nicht: Es gab immer eine Lösung!

Epilog:

Sven tauchte als Erster wieder auf. Greta folgte ihm kurz danach. Sie nahmen ihre Luftversorgungsschläuche ab.

„Wir haben uns zu weit vom Boot entfernt. Wie konnte das passieren? Sven? Was soll das? Wo sind die beiden?"

„Das geht nicht, sie müssen hier irgendwo sein. Wir können uns nicht sehr weit entfernt haben. Die Sicht ist gut hier. Wir sind doch lediglich runter. Wie sind denn die Strömungen hier?"

„Bestimmt werden sie uns suchen! Oh, du bist schuld an allem. Du wolltest unbedingt tauchen."

„Das hat mir Barbara vorgeschlagen. Sie weiß, wie gerne ich tauche. Als wir in Palma waren, ist sie heimlich abgehauen, hat zufällig Daniel getroffen und beide haben sich überlegt, uns eine Freude zu machen. Das ist doch wirklich nett von den beiden."

„Nimm deine Planschkuh noch in Schutz. Erst willst du dich von ihr trennen. Nun schwärmst du von ihr, wie nett sie ist. Es war eine Scheißidee von dir, gemeinsam den Urlaub zu buchen."
„Ich verteidige sie nicht. Du warst einverstanden damit, dass wir zusammen ein Hotel nehmen und uns wie zufällig treffen. Das war nicht nur meine Idee. Hör auf rumzumeckern."
„Du bist hier der Einzige, der meckert. Wo bleiben die beiden, ach, so super Netten denn ...? Daniel bekommt richtig Ärger! Der kann sich auf was gefasst machen."
„Scheiße."
„Scheiße was?!"
„Barbara und ich haben letztens zusammen „Open Water" gesehen."
„Du meinst jetzt nicht diesen Film, wo die beiden Taucher vergessen wurden ...?"

Epilog

Hier könnten vermutlich noch viele weitere Geschichten entstehen.
Das Ausmaß an Gewalt ist immer noch zu groß.
Wir brauchen dringend ein Umdenken in der Gesellschaft, den Behörden, Ämtern und Gerichten.
Eine Sensibilisierung und Aufklärung der Frauen, Männer und auch der Eltern, die ihre Kinder erziehen.

Wenn Sie selbst vor Ort Frauen unterstützen möchten, dann fragen Sie Ihr örtliches Frauenhaus oder Kinderschutzzentrum.
Engagieren Sie sich!